シルクロード全4道の旅

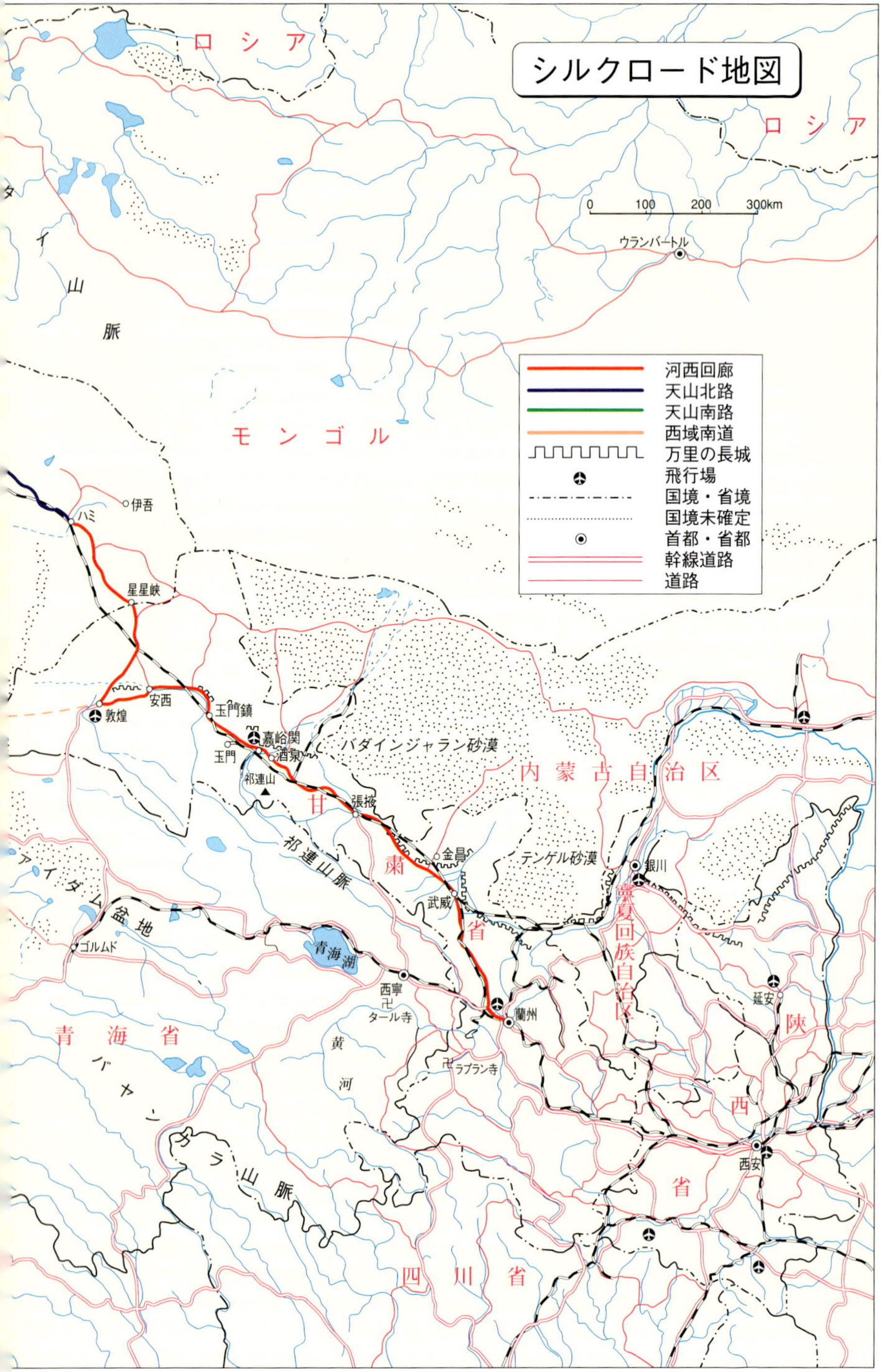
シルクロード地図
ロシア
ロシア
0 100 200 300km
ウランバートル
アルタイ山脈
モンゴル
河西回廊
天山北路
天山南路
西域南道
万里の長城
飛行場
国境・省境
国境未確定
首都・省都
幹線道路
道路
伊吾
ハミ
星星峡
敦煌
安西
玉門鎮
嘉峪関
酒泉
玉門
祁連山
バダインジャラン砂漠
内蒙古自治区
甘粛省
張掖
金昌
テンゲル砂漠
銀川
寧夏回族自治区
祁連山脈
武威
アイダム盆地
ゴルムド
青海湖
西寧
タール寺
蘭州
延安
陝西省
青海省
黄河
ラブラン寺
バヤンカラ山脈
西安
四川省

N
バルハシ湖
カザフスタン
アラコリ湖
アルタイ
アルティシ河
ウルング湖
カラマイ
マナス湖
マナス河
ジュンガル盆地
サリム湖
コルガス
精河
恵遠城
イーニン
イリ河
ボロホロ山脈
クイトゥン
石河子
ビシケク
アルマトイ
キルギス
イシク・クル湖
ナラティ
バインブルク草原
カルク山脈
ウルムチ
ボゴダ山脈
奇台
大河沿
トクスン
トルファン
アイディン湖
タジキスタン
アトシュ
アクス
クチャ
輪台
タリム河
コルラ
ボステン湖
カシュガル
カシュガル河
カラクリ湖
新疆ウイグル自治区
ヤルカンド
タシュクルガン
アフガニスタン
葉城
タリム盆地
ホータン河
タクラマカン砂漠
楼蘭遺跡
ロプ・ノール
ミーラン遺跡
クンジュラブ峠
フンザ
パキスタン
ケリヤ河
ニヤ遺跡
チェルチェン遺跡
チェルチェン河
チャルクリク河
チャルクリク
カラカシュ河
ホータン
ケリヤ
ニヤ
チェルチェン
アルティン山脈
クンルン山脈
ムズターグ山
ホフシル山脈
インド
チベット自治区
タンラ山脈
ネパール
シガツェ
ラサ

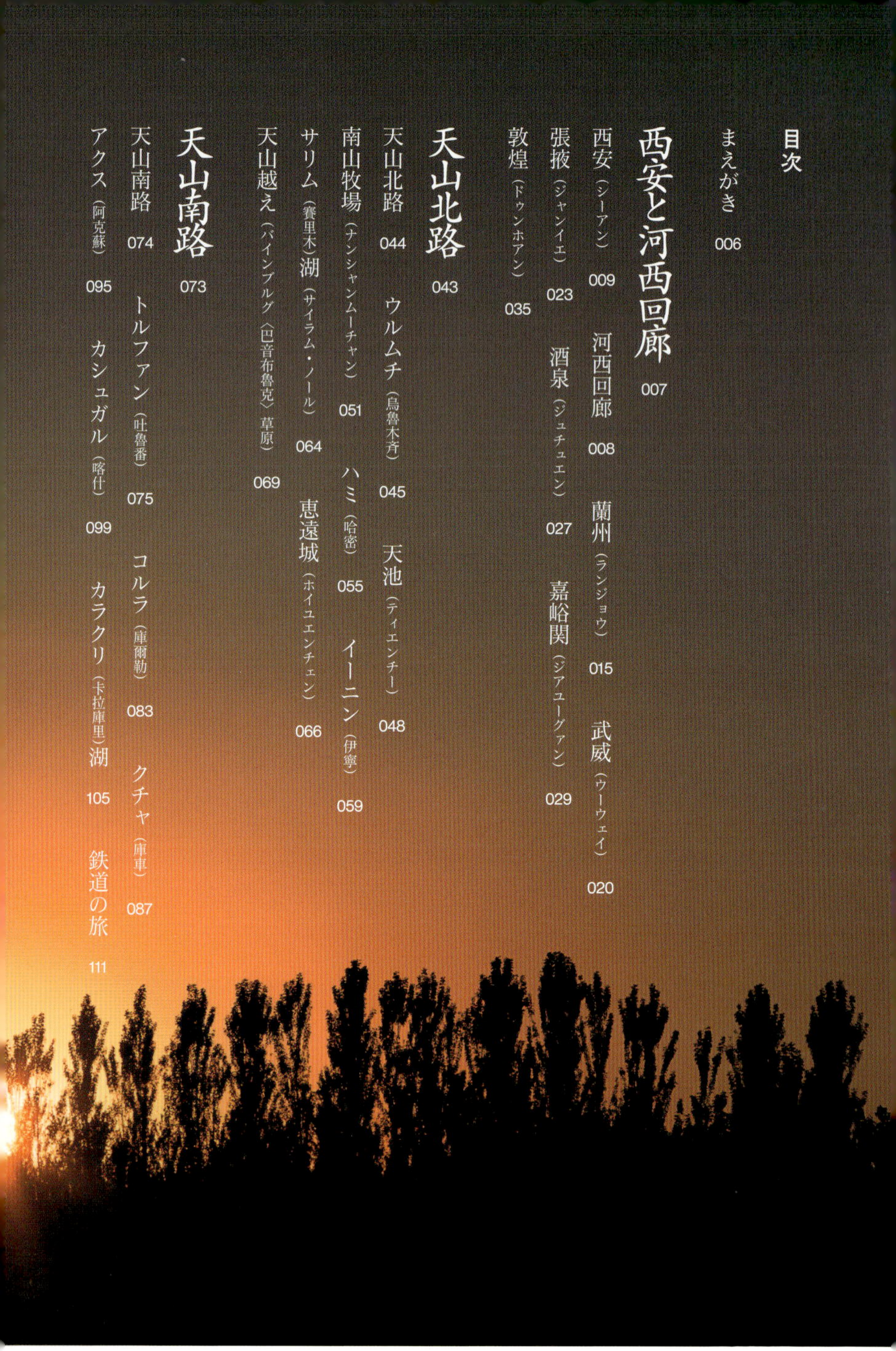

目次

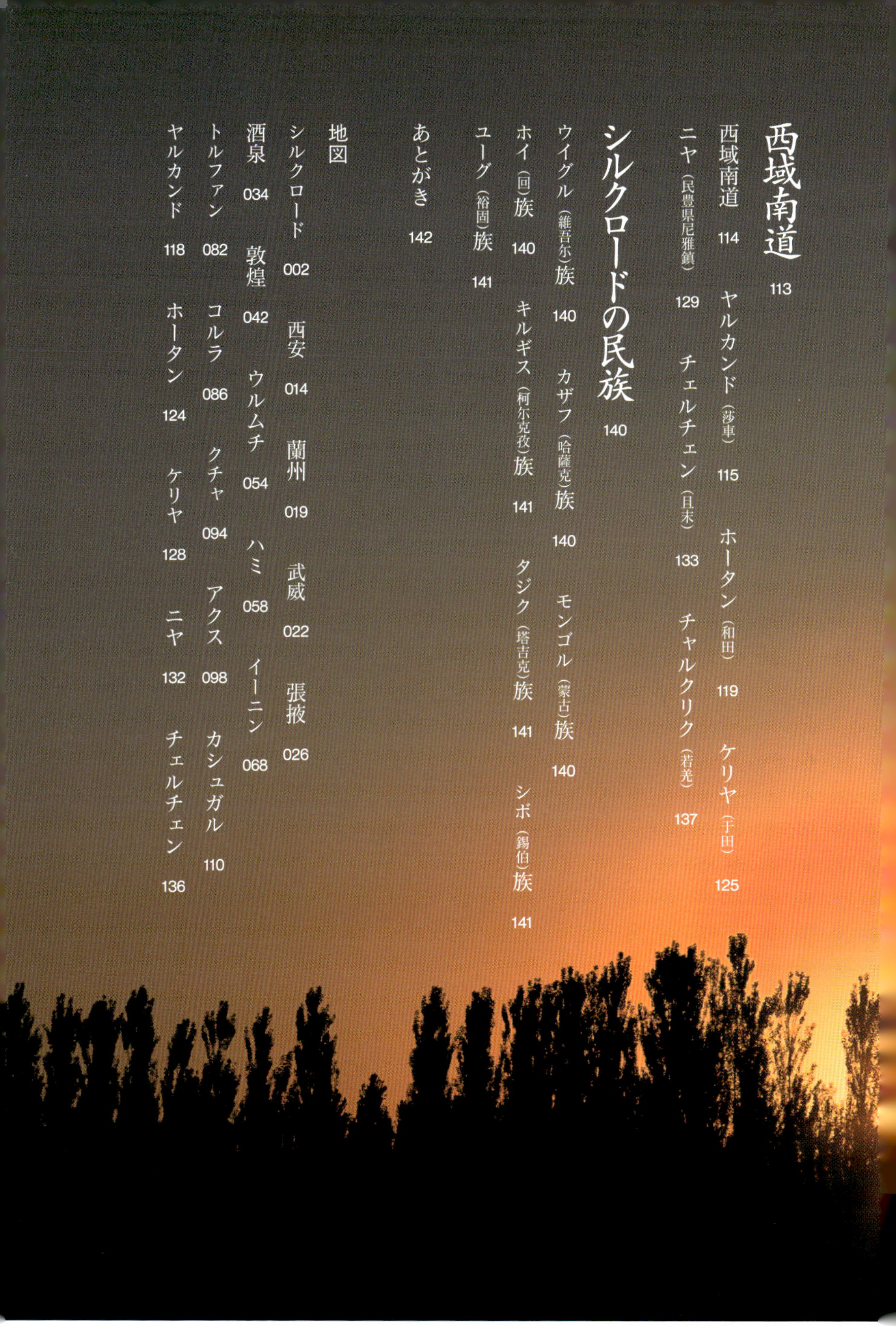

西域南道 113

シルクロードの民族 140

地図

ポプラ並木に夕陽が沈む。トルファン郊外。

まえがき

シルクロードという名を初めて耳にしたのはいつのことか忘れてしまったが、この言葉を聞くと、なぜか郷愁を掻き立てられる。優しい響きとともに、異国への憧れや、ラクダの背に揺られ、月の砂漠を行き交う、キャラバンサライの幻想的な光景が目に浮かぶからなのだろうか……。

　そもそもシルクロードとは、ドイツの地理学者リヒト・ホーフェン（一八三三―一九〇五）が、東西交易のルートを指して呼んだのが始まりで、主要な交易物として絹が中国から西洋に運ばれたのが、その名の由来である。

　紀元前にまでさかのぼる悠久の歴史を持ち、中国から中央アジアを経て、トルコのイスタンブール、イタリアのローマまで通じるこの街道は、陸路と海路がある。しかし、一般にシルクロードと言えば陸路を指す。ただし、その陸路もステップルートとオアシスルートに分かれる。ステップルートとは、ユーラシア大陸北方の、草原地帯を通り西洋まで続く街道だ。一方、オアシスルートは、砂漠地帯に点在するオアシス都市を経由した通りである。

　中国国内のシルクロードは、西安、蘭州から「河西回廊《かせいかいろう》」を通ってウルムチに至り、そこから三本のルートに分かれる。即ち、天山山脈を境に、「天山北路」と「天山南路」、そしてタクラマカン砂漠の南、崑崙（クンルン）山脈の北麓を行く「西域南道《せいいきなんどう》」である。この四道にはそれぞれ特徴がある。河西回廊は古い歴史を持つ街々が続き、天山山脈を挟んだ北路は緑豊な草原地帯。一方南路は砂漠に点在するオアシス都市である。そして西域南道は廃墟の王国跡が点在する、風砂の厳しいところである。

　シルクロードは東西文明の架け橋としても意義が大きい。遠い異国の地のようにわれわれ日本人には感じられるが、六世紀に伝わった仏教は発祥の地インドからシルクロードを通じて入っており、少なからず日本も影響を受けているのである。

　「文明の十字路」とは、言い古された言葉だが、この地で名のある都市は、例外なく交易の中継地として長い歴史を有している。しかし、栄枯盛衰も激しく、ある街は遺跡となって人影はなく、またある街はいま現在も繁栄を謳歌している。

　シルクロードが旅人に人気があるのは、エキゾチックな風物もさることながら、この地に立って風のざわめきに身をまかせれば、変転の歴史を生きた人々の波乱の人生が実感できるからであろう。

西安と
河西
回廊

河西回廊

河西回廊《かせいかいろう》とは黄河の西側の通りを意味する。「天下第一関」と称される、東の端、山海関から続く万里の長城の、西の端が河西回廊でもある。

西安から西に向かう人たちは、必ずこの回廊を通った。北部にはテンゲル砂漠や、バダインジャラン砂漠が広がり、その先はモンゴル草原へと続く。一方、南には東西八〇〇キロにもわたって万年雪や氷河を抱く標高四〇〇〇～五〇〇〇メートルの祁連《きれん》山脈が優雅な姿を連ね、豊富な雪解け水でオアシスを形成している。回廊とは言い得て妙だ。

歴史的には、この地域は、漢族と遊牧民族匈奴の接点であった。漢代には、武帝が西域に住む諸民族の侵攻を防ぐため、最前線の軍事拠点として河西四郡〈武威《ぶい》〈涼州〉、張掖《ちょうえき》〈甘州〉、酒泉《しゅせん》〈粛州〉、敦煌《とんこう》〈沙州〉〉を置いた。しかし、匈奴は漢王朝の隙をねらって何度も侵攻を繰り返す。いわば両者は宿命のライバルだった。

嘉峪関《かよくかん》は明代になって造られたものだが、この地域の代表的な城砦と言えよう。同じく明代に築かれた山丹古長城は、一般道と平行していたり、道路で切断されたりしているものの、行けども行けども視界から消えることがない。見ていると、人間の凄さと同時に、長城を必要とすることの虚しさも伝わってくる。

西域に初めて赴いた人物として歴史に登場するのは、張騫《ちょうけん》である。彼は匈奴に捕らえられながらも、脱出して漢に戻り、貴重な情報を漢王朝にもたらしている。

しかし、匈奴との戦いで名を馳せたのは霍去病《かくきょへい》である。再三にわたる匈奴の侵攻を食い止め、ついに紀元前一二一年、大勝利をおさめて漢軍は河西回廊を確保したのである。

もっとも霍去病については、蘭州の五泉山公園で、水の確保に苦しみ、剣を抜いて山肌に突き刺すと、そこから泉が湧きでたという逸話などもあり、英雄に祭り上げられた感がなくもないが、いずれにせよ河西四郡は、現在も主要な都市として立派に存在している。

『東方見聞録』で有名なマルコ・ポーロもパミールから西域を抜け、河西回廊を通って、張掖に一年間滞在した。彼が大仏寺を訪れ、その大きさに圧倒されたように、この地域は仏教の盛んなところでもあった。敦煌の莫高窟《ばっこうくつ》など、多くの石窟寺院があり、イスラム教が普及した後も、仏像が彫り続けられている。代表的なものは武威の天梯山石窟、張掖の馬蹄寺石窟などだ。近くに、チベット仏教六大寺院のうちの二つ、青海省のタール寺と甘粛省のラブラン寺が存在しているのも大きい。

西安《シーアン》

西安の中心に鎮座するライトアップがみごとな鐘楼。

西安（シーアン）

城壁で囲まれた西安を初めて訪れたのは一九八八年のことだ。街の中央に鐘楼が鎮座し、大雁塔、小雁塔が聳え建ち、鼓楼の近くには古い街並の残るイスラム街が続く。古都の面影と同時にどこか異国を感じさせる街だったことを覚えている。

　紀元前から栄え、中国の歴代王朝の国都として謳歌した西安は、現在人口約七一七万人。かつて世界でもっとも繁栄した街だったことを、いたるところで実感し、住民もどこか誇らしげだ。

　今は夜になると「鐘楼」がライトアップされ見事だ。鐘楼のもともとの役目は時間を知らせることと、有事の物見台であった。地下通路から登れるようになっていて、鐘楼の中では一日数回、観光客のために古楽が演奏されていた。音楽にあわせて典雅な舞踊が繰り広げられているのを眺め、さらに上に登ると街が一望できた。東西南北に通りが伸び、まさしく西安の中心であり、へそである。まわりには近代的なビルが建ち並んでいる。人々の服装も明るく、車も引っきりなしに城門を潜り抜けている。以前は乗り物と言えば自転車が中心だったが、今はほとんど見ることができない。

　イスラム街に「清真大寺（モスク）」があり、まわりには土産物屋が軒を並べている。私はその近くの屋台街が好きで、暇さえあれば訪れていた。市場のような雰囲気で、いつも人でごった返し、夜ともなるといっそうの人出で、毎日が縁日の賑わいだ。

　ここでのお目当ては焼きたてのパンである。日本で売っているようなパンや、イスラム圏のナンとも違い、ほくほくしながらぱりっとした歯ざわりが気に入った。これを頬張りながらぶらぶら歩くと、この街に何年もいるような気分になってくる。

西安郊外の秦兵馬俑。整然と並ぶ兵士に圧倒される。

街中だけでも名所旧跡に事欠かないが、郊外には一九七四年に偶然発見されたという秦代の「兵馬俑《へいばよう》」がある。発掘作業が今も続いていることから、その壮大さがわかる。現在、秦兵馬俑博物館として一号抗、二号抗、三号抗、銅車馬館の四ヵ所が一般公開されている。

体育館を連想させる建物の中に足を踏み入れると、中央におびただしい数の人馬の像が整然と並んでいた。よく見ると、身長一八〇センチほどの、兵士一人ひとりの表情がどれも違う。秦の始皇帝が、近衛兵の軍団を模して作らせたものだというが、表情といい、規模といい、始皇帝の絶大な権力をうかがい知ることができる。私は可能なかぎりスローシャッターを切った。二〇〇〇年の時の流れを、フィルムに凝縮させたかったからである。

近くには秦の「始皇帝陵」がある。

実はこの陵を守るために兵馬俑を作ったと言われているのである。その陵は小高い丘になっていて、頂上まで石段が続いているが、登りついてもなにもない。しかし、『史記』によると、始皇帝は囚人七〇余万人を動員して地下の水脈に達するまで深く掘らせ、そこに銅版を敷いて棺を収めるようにし、さらに宮殿、望楼を作り、百官の席を設け、機械仕掛けの弩を備え、水銀で川や海を作って、盗掘に備えたという。また、永遠に火が消えないように、人魚の油を使用したともいう。

そうしたことを思い出しながら改めてまわりを眺めると、自分は今、とんでもないところに立っているのだと思えてくる。

唐代の皇帝、玄宗と楊貴妃のロマンスで有名な「華清池」は、西安と兵馬俑の中間にある。古くから温泉地として知られていたところで、歴代の王朝により、離宮が作られていた。白居易の『長恨歌』はそんな華清池を詠ったものだ。

今でも温泉は湧き出ているが、楊貴妃が沐浴した「海棠湯」は、想像していたより大きかった。華清池は西安事件（一九三六年一二月一二日に共産党討伐のため、蔣介石を監禁した事件）の舞台となったところでもあり、蔣介石が滞在していた五間庁などを見ることができる。

街にもどり、通りをぶらつきながら、四ヵ所ある城門のうち「西門（安定門）」に登った。城壁を散歩したあと楼閣に入っていくと、中は土産物屋になっていた。二階に上ると熟練の女性がじゅうたん織りの実演をやっていて、織ったものはその場でも売られている。

壁にシルクロードの地図が貼られていた。目で地図の上の都市を追っていると、シルクロードに興味があるのかと、傍にいた男性に聞かれた。もちろん、と答え、日本人ならたいていの人は興味を持っていますと言った。すると、こちらに来てと言う。どこに連れていくのかと思いながらついていくと、小さな窓のところまで行き、ガラス戸を開けながら、ここから外を見なさいと言う。覗き込むと、大きな通りが真っすぐ延びていた。

「シルクロードに続く道です。古来、西を目指した旅人は西門を通って、この道をラクダの背に荷物を積み旅立ったのです」

私はその言葉を背中で聞きながら、はるかに西方、シルクロードの街まちを思い浮べていた。西門の先にある、シルクロード起点の公園には、ラクダを曳くキャラバンサライの石像が立っている。西安はシルクロードの出発点でもあるのだ。

西安からのアクセス

飛行機

日本——中国(週の便数)

成田——西安　日本航空、中国東方航空　9便
福岡——西安　中国東方航空　3便
新潟——西安　中国東方航空　2便

国内線　西安から(週)

北京140便　上海虹橋88便　上海浦東7便　大連15便　広州49便　香港9便
南京12便　武漢22便　重慶35便　桂林30便　貴陽14便　昆明28便
成都55便　蘭州40便　西寧35便　銀川32便　敦煌17便　ウルムチ49便
ラサ3便

鉄道

西安駅——北京西駅　T70で12時間46分
西安駅——上海駅　T54／51で16時間13分
西安駅——蘭州駅　T69で7時間27分
西安駅——武威駅　1067で14時間22分
西安駅——張掖駅　T69で14時間47分
西安駅——酒泉駅　1067で20時間21分
西安駅——敦煌駅　T69で20時間52分
西安駅——ハミ駅　T69で23時間45分
西安駅——トルファン駅　T69で28時間49分
西安駅——ウルムチ駅　T69で30時間58分

バス（西安バスターミナル）

西安——洛陽　7：30　17：00
西安——銀川　11：30〜18：30(寝台バス) 1時間に1便
　7：00〜18：00　20分に1便
西安——宝鶏　6：30〜20：30　20分に1便
西安——延安　6：00〜15：30　30分に1便
西安——潼関　8：00〜14：00　1時間に1便
西安——鄭州　7：00〜16：00　1時間に1便

西安のホテル

唐華賓館(ツイン700元から)、解放飯店(ツイン280元から)、唐城賓館(ツイン680元から)、勝利飯店(ツイン230元から)、五一飯店(208元から)

旅行会社

西安中国国際旅行社(西安の主な見どころを効率よくまわるツアーを催行している。ツアーの申し込みは市内の高級ホテルでも可能)
東線ツアー　華清池、兵馬俑、半坡博物館、大雁塔
西線ツアー　法門寺、乾稜、永泰公主墓

大雁塔から古都長安(西安)を臨む。

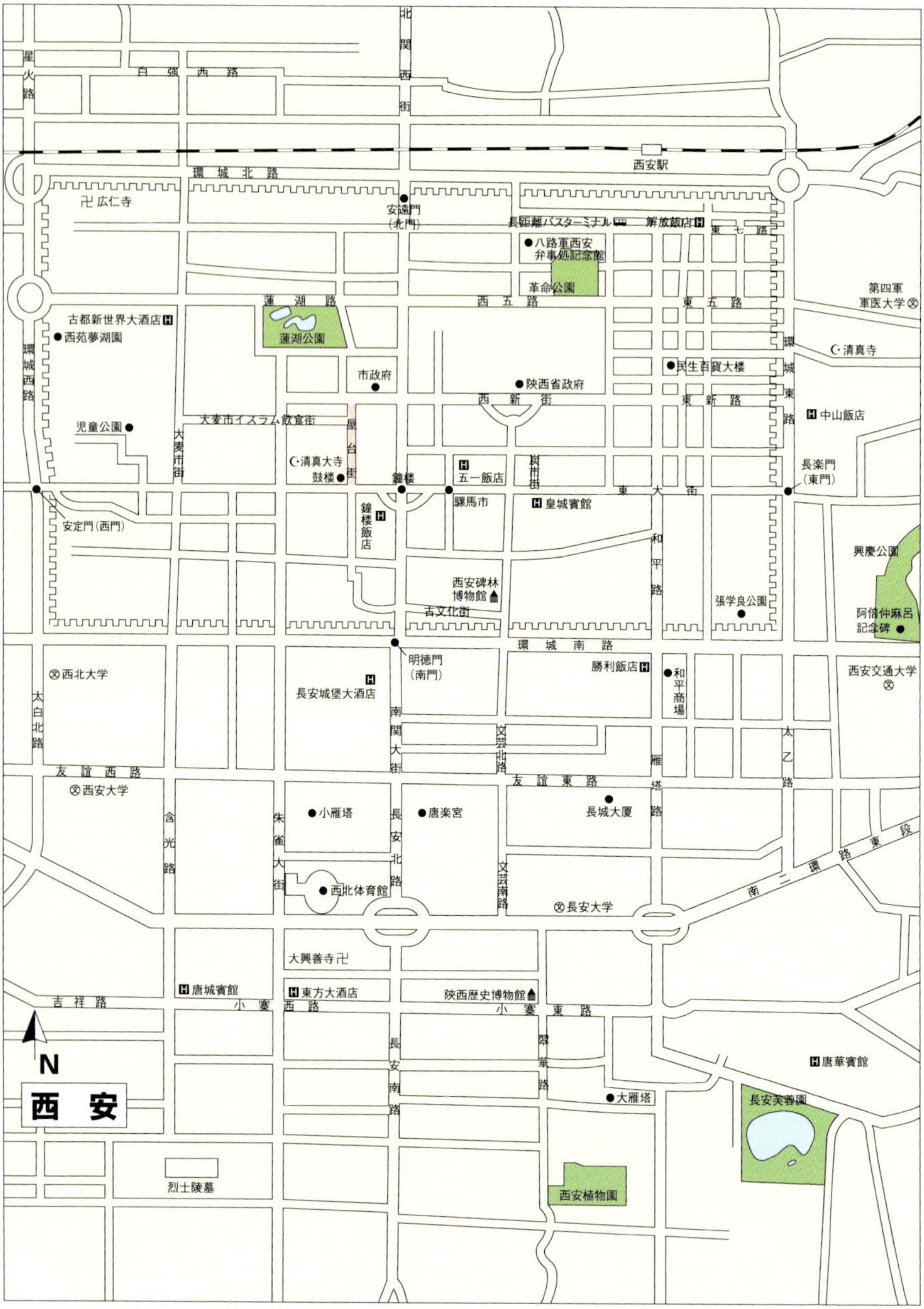

西安
N
北関西街
星火路
白強西路
西安駅
環城北路
卍広仁寺
安遠門（北門）
長距離バスターミナル
解放飯店
東七路
八路軍西安弁事処記念館
革命公園
蓮湖路
西五路
東五路
第四軍軍医大学
古都新世界大酒店
西苑夢湖園
蓮湖公園
環城西路
市政府
陝西省政府
民生百貨大楼
清真寺
環城東路
西新街
東新路
中山飯店
大麦市イスラム飲食街
児童公園
大麦市街
屋台街
清真大寺
鼓楼
鐘楼
五一飯店
炭市街
長楽門（東門）
東大街
安定門（西門）
騾馬市
皇城賓館
鐘楼飯店
和平路
興慶公園
西安碑林博物館
張学良公園
古文化街
阿倍仲麻呂記念碑
環城南路
明徳門（南門）
西北大学
長安城堡大酒店
勝利飯店
和平商場
西安交通大学
太白北路
南関大街
文芸北路
太乙路
友誼西路
友誼東路
雁塔路
西安大学
小雁塔
唐楽宮
長城大厦
含光路
朱雀大街
長安北路
南二環路東段
西北体育館
文芸南路
長安大学
大興善寺卍
唐城賓館
東方大酒店
陝西歴史博物館
吉祥路
小寨西路
小寨東路
唐華賓館
長安南路
翠華路
大雁塔
長安芙蓉園
烈士陵墓
西安植物園

蘭州《ランジョウ》

蘭州のシンボル、白塔山公園に聳える白塔。

市内を流れる黄河に架かる中山橋。以前は車も通っていたが、いまは歩行者と自転車だけしか通れなくなった。

蘭州 （ランジョウ）

青海省で産声を上げた黄河が、蛇行しながら流れ下り、最初に辿り着く大都市蘭州は、甘粛省の省都で、河西回廊の入り口に位置する、人口約三〇四万人の東西に細長い街だ。

黄河沿いは公園になっていて、人々は散歩したり、カセットテープから流れる音楽に合わせてグループで踊りを楽しんだりしている。ぶらぶら歩きながら中山橋まで行くと、傍に「黄河大一橋」と書かれた碑が立っていた。対岸には小高い丘があり、麓にはモスクも見える。黄河の手前が漢族、対岸がイスラム教徒の居住区なのだという。

小高い丘は「白塔山公園」と言う。黄河を眺めていると、ボートに乗らないかと声をかけられた。黄河の岸辺に小型ボートがつながれていて、川から街を遊覧しないかというのだ。

市場の麺屋さん。蘭州といえば牛肉麺が有名だ。

乗ることに抵抗はなかったが、あまりにしつこいのでいやになり、橋を渡って白塔山公園を目指した。

山肌にへばりつくように建つ楼閣を通り過ぎ、階段を上っていくと、黄河が眼下に広がった。河幅の広さに圧倒されるが、街は霞んでいて、遠くまで見渡せないのが残念だ。

頂上に辿り着くと、公園の名の由来でもある、高さ一七メートルの白塔が優雅に佇んでいた。この塔は元の時代、チベットからモンゴルへ派遣された、チベット仏教の高僧が病死したため、その供養として建てられたものだ。しかし、今あるのは明代に再建されたものである。

街の南側には、五つの泉があることから「五泉山公園」という山全体が公園になった景勝地がある。霍去病が水を確保するため、剣を刺すとそこから水が湧きでたという伝説の公園である。観光地ではあるが、遊

蘭州郊外の炳霊寺石窟。石窟と同時に周りの奇岩も見応えがある。

園地も併設された地元の人の憩いの場で、大勢の人たちがお茶を飲み、カードに興じていた。

私は登ったり下りたりしながら、五ヵ所ある泉を訪ねた。印象に残ったのは、茶屋もなく閑散とした「恵泉」(他は蒙泉、摸子泉、掬月泉、甘露泉)だった。広々としていながら森が迫ってくるようで、幽玄の世界が感じられた。

一日、街の郊外、劉家峡ダムの上流にある「炳霊寺《へいれいじ》石窟」に遊んだ。ダムを小型ボートで渡っていると、やがて前方に奇岩が目立つ岩山が現れ、炳霊寺石窟はその奥にひっそりと佇んでいた。炳霊とはチベット語で「一〇万の仏」という意味で、岩肌に彫られた多くの仏像が、慈しみを持った眼差しで私を迎えてくれた。この石窟は西秦(四世紀)の時代から清の時代まで、一五〇〇年間も彫り続けられたものである。

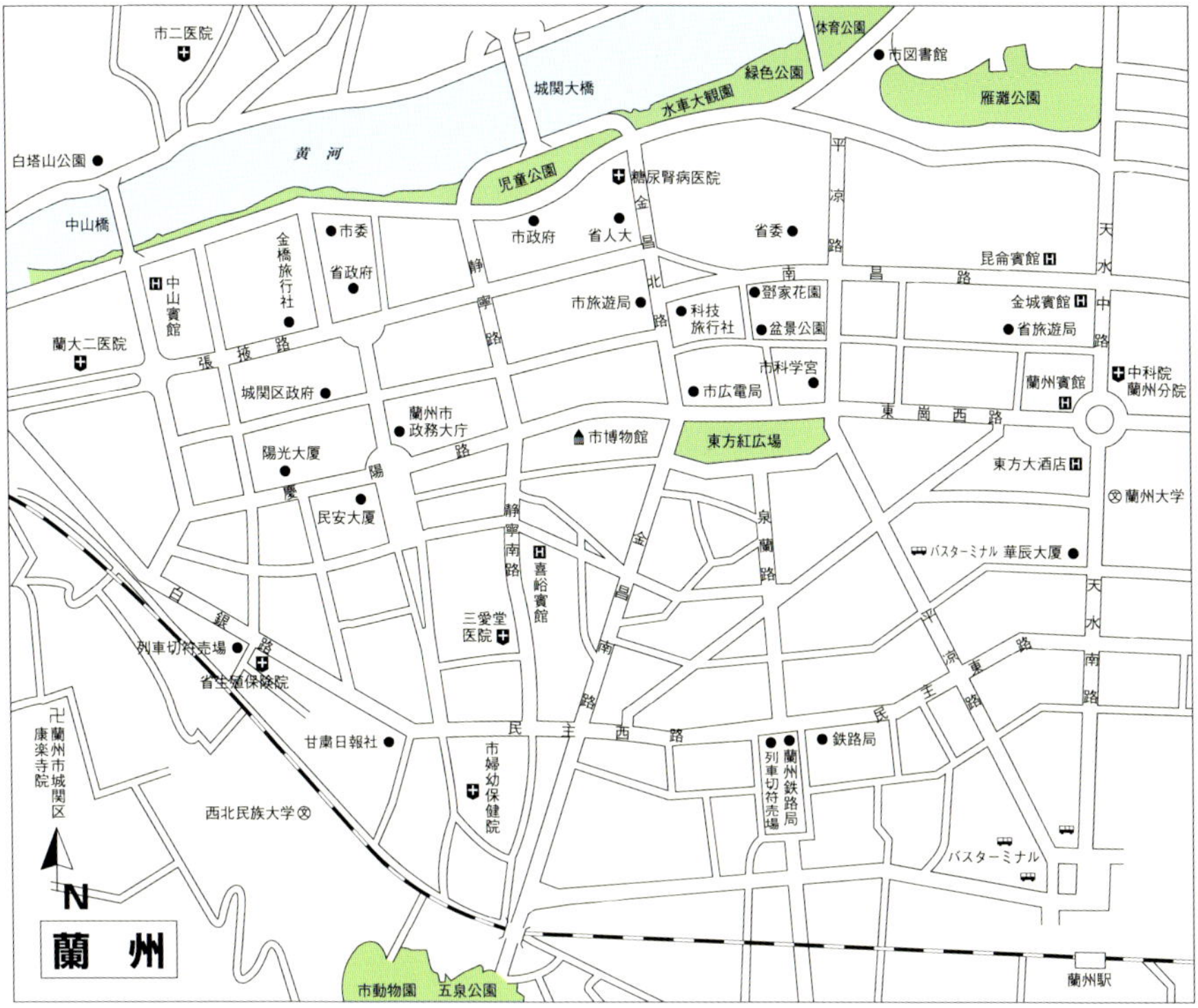

蘭州からのアクセス

飛行機・国内線　蘭州から(週)

北京44便　上海虹橋18便　上海浦東７便　広州８便　南京４便　昆明７便　成都26便　西安16便
敦煌14便　嘉峪関16便　ウルムチ38便

鉄道

蘭州駅――北京西駅　T70で21時間23分
蘭州駅――上海駅　T65／51で24時間58分
蘭州駅――西安駅　K120で９時間34分
蘭州駅――武威駅　T295で４時間46分
蘭州駅――張掖駅　T69で７時間12分
蘭州駅――酒泉駅　T295で９時間19分
蘭州駅――敦煌駅　T69で13時間17分
蘭州駅――ハミ駅　T69で16時間10分
蘭州駅――トルファン駅　T69で21時間14分
蘭州駅――ウルムチ駅　T69で23時間23分

バス(蘭州東バスターミナル)

蘭州――武威　8：40　14：30
蘭州――張掖　20：00
蘭州――天水　6：30～18：00　15分に１便
蘭州――西寧　7：50　10：20　11：15　12：00　12：50　13：40　14：20　15：00
16：20　17：00　17：40　18：30　19：00
蘭州――ウルムチ　18：30

●蘭州のホテル　蘭州飯店(ツイン230元から)、中行培訓中心(ツイン100元から)

●旅行会社　蘭州飯店内に炳霊寺ツアーや夏河のラブラン寺ツアーなどがある。

広々とした文廟の中庭に立つ孔子像。

武威 (ウーウェイ)

河西回廊の東端に位置する武威は、二、三時間もあれば主要なところは見てまわれそうな街だが、早くから歴史に登場し、人口も九八万人を擁する。前漢の武帝の時代に河西回廊に置かれた四つの郡のひとつで、武威という名称はいかにも軍事色が強い。戦乱の時代、河西回廊の政治、経済の中心であったという。

　バスターミナルの傍に、改築された真新しい「南城門」があった。西に向かう旅人はこの門を潜って城内に入ったという。

　街の中心に位置する歩行商業街に行くと、歩行者天国のようになっていて、いろいろな店が軒を並べ、隣接する文化広場では大勢の市民たちがグループごとにカードや将棋に熱中していた。

　そんな武威の街には、広々とした

武威郊外の天梯山石窟。高さ15メートルの釈迦大仏は圧巻だ。

「文廟」や「古鐘楼」、そしてインドの高僧、鳩摩羅什《くまらじゅう》を記念して唐代に建立された「羅什寺塔」が建ち、街外れには「雷台」と呼ばれる清代の寺院がある。

　雷台が一躍注目を集めたのは、一九六九年に地下から後漢時代の墓が発見されてからである。墓の中からは「飛燕をしのぐ馬」と呼ばれている、青銅製の「銅奔馬《どうほんば》」が出土している。

　街の郊外、黄羊ダムの岸壁には「天梯山石窟」がある。北涼（三九七〜四三九年）の時代に造営されたもので、岸壁を穿ち巨大な石窟が作られていて、そこに高さ一五メートルの釈迦大仏を中心に、普賢菩薩、文殊菩薩などが鎮座していた。ダムと隔絶するようにコンクリートで囲っており、上から眺められるようになっているが、下まで降りると、その大きさに圧倒される。

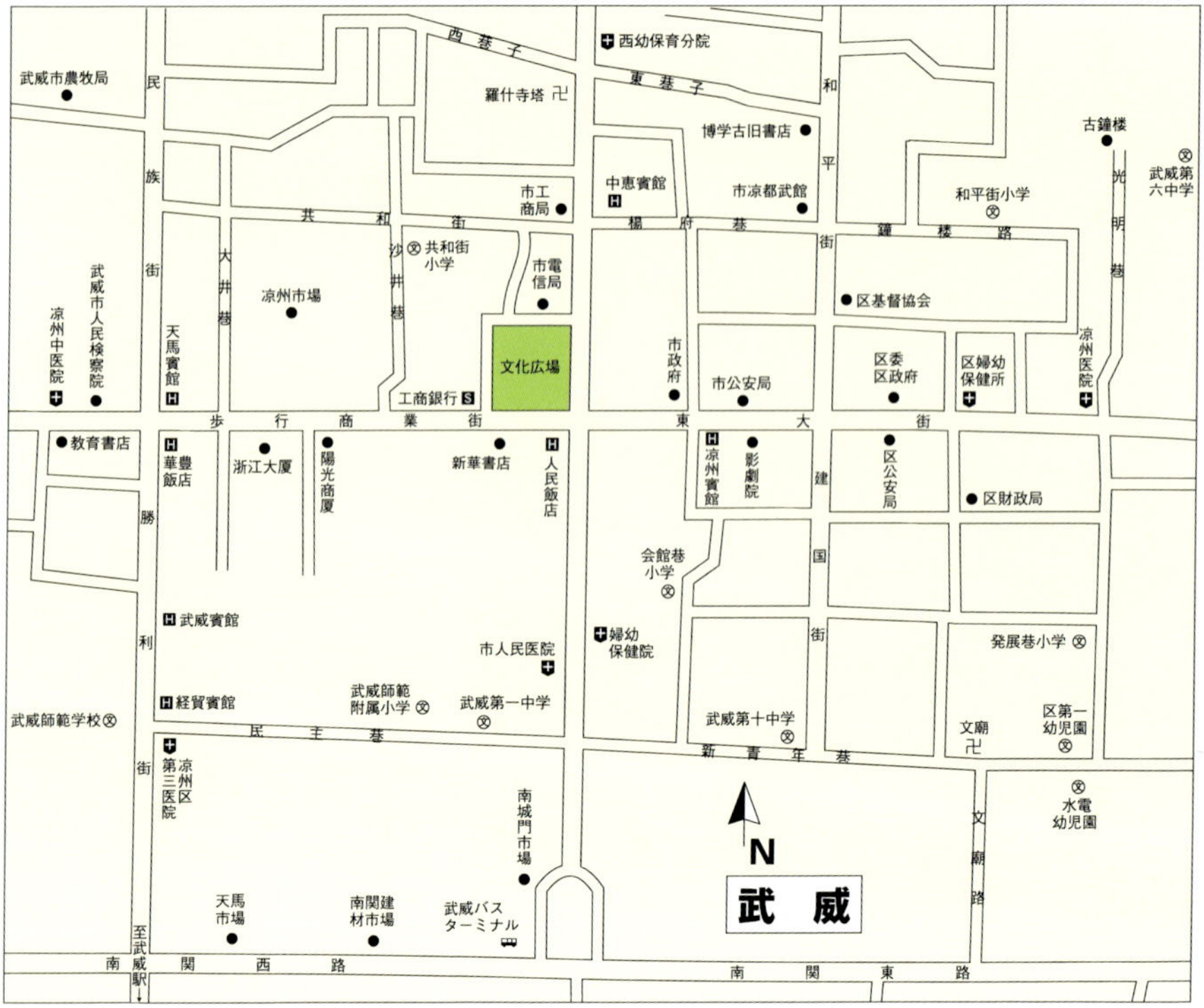

■武威からのアクセス

鉄道

武威駅——北京駅　K44で26時間33分（隔日）
武威駅——西安駅　1068で17時間21分
武威駅——蘭州駅　T296で６時間28分
武威駅——張掖駅　T295で２時間34分
武威駅——酒泉駅　T295で４時間23分
武威駅——敦煌駅　T295で８時間51分
武威駅——ハミ駅　T295で11時間44分
武威駅——トルファン駅　T295で16時間53分
武威駅——ウルムチ駅　T295で19時間02分

バス（武威バスターミナル）

武威——蘭州　7：00～24：00　38本
武威——張掖　8：00　10：30　11：00　14：30
武威——西寧　7：00　10：00
武威——酒泉　10：00
武威——嘉峪関　20：00
武威——安西　17：00
武威——敦煌　18：00
武威——ハミ　16：30
武威——銀川　7：00
武威——臨夏　20：00

●武威のホテル

天馬賓館（ツイン150元から）
凉州賓館（ツイン128元から・３人部屋210元）

●旅行会社

武威国際旅行社（天馬賓館の敷地内）

天高く舞上がる連凧。まるで大空を龍が舞っているようだ。

張掖（ジャンイエ）

澄みわたった青空に吸い込まれるように、連凧が何基も舞い上がり、それを見物する多くの人々で中心広場は賑わっていた。広場の向かい側には、「万寿寺木塔」が優雅に佇んでいる。

祁連山脈の北麓に位置する張掖は、街の人口が約五〇万人。「鎮遠楼」を中心に、河西四郡の中でももっとも豊かなところとして、シルクロードが盛んな頃から栄えていた。

万寿寺木塔に登り、碁盤の目のように整然と並ぶ街を俯瞰したあと、大仏寺に行ってみた。一〇九八年の創建で、一年間この街に滞在したマルコ・ポーロの『東方見聞録』にもその威容について記されている。

山門、大仏殿、蔵経殿、土塔などが建ち並んだ広大な敷地内に、ぽつりぽつりと観光客の姿が見える。お

㊨大仏寺境内の土塔。㊧街の中央に聳える9層の万寿寺木塔。

目当ての大仏殿の中には、体長三四・五メートル、肩幅七・五メートルにも及ぶ中国最大の釈迦牟尼像がゆったりと横たわっていた。カメラを出して、ファインダーを覗こうとすると、係員がすーっと寄ってきて、撮影禁止だという。一枚だけでもと粘るが、まったく聞き入れてくれない。諦めて大仏殿の裏にまわると、高さ三三メートルの土塔が、ひときわ高く聳えていた。

郊外にも見どころは多い。「黒水国漢墓（漢代の古墓群）」や「山丹古長城（明代に造られた長城）」、そして目玉は「馬蹄寺石窟」である。「馬蹄寺石窟」は祁連山脈の麓にある石窟群で、北寺、南寺、文殊山などの石窟が点在している。中でも驚嘆させられたのは、切り立った絶壁に穴を穿ち、五層の石窟が造られている「三十三天洞」。この地域にしか住んでいないユーグ族が、民族衣装で迎えてくれた。

㊤祁連山脈の麓を生活範囲とするユーグ族。民族衣装が艶やかだ。㊦岸壁をくりぬいた馬蹄寺石窟。

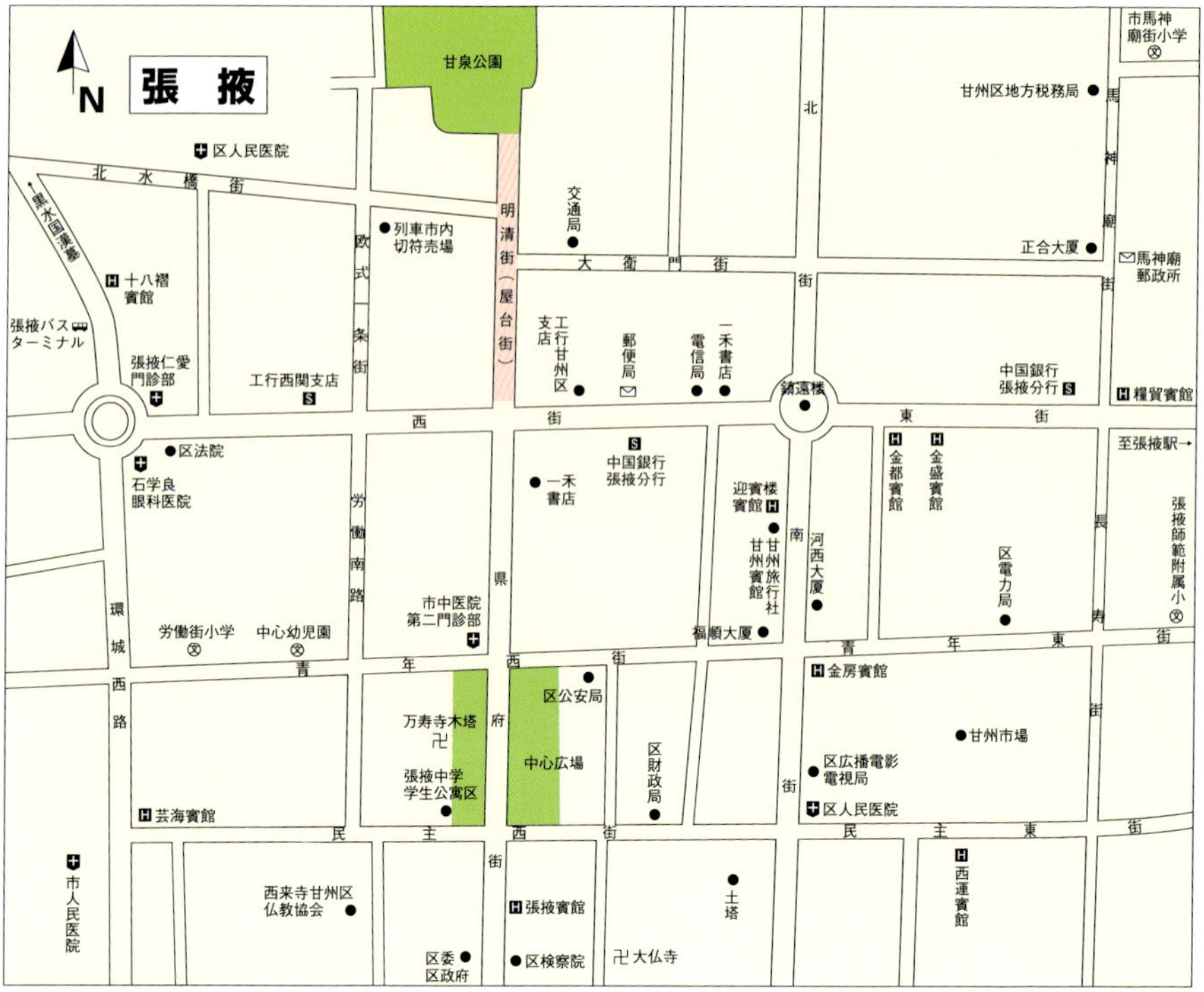

張掖からのアクセス

鉄道

張掖駅——北京西駅　T70で29時間39分
張掖駅——上海駅　T54／51で33時間03分
張掖駅——西安駅　T70で16時間45分
張掖駅——蘭州駅　T70で８時間08分
張掖駅——武威駅　1068で３時間20分
張掖駅——酒泉駅　1067で２時間36分
張掖駅——敦煌駅　T69で６時間03分
張掖駅——ハミ駅　T69で８時間56分
張掖駅——トルファン駅　T69で14時間
張掖駅——ウルムチ駅　T69で16時間09分

バス（張掖バスターミナル）

張掖——蘭州　7：00　9：00　17：00　18：00　19：00　19：20
張掖——武威　7：30　9：30　10：30　11：10
張掖——酒泉　7：00　9：00　10：30　12：00　13：30　15：00
張掖——嘉峪関　9：30　11：00　14：30　16：30
張掖——敦煌　7：30　16：30　18：00　張掖——ハミ　16：00　張掖——西寧　7：00　18：00

張掖のホテル

張掖賓館（ツイン160元から）、十八褶賓館（ツイン70元から）、甘州賓館（ツイン200元から）、迎賓楼賓館（シングル80元から108元・ツイン88元から128元）

旅行会社　張掖旅行社（馬蹄寺石窟、山丹古長城、黒水国漢墓などのツアーをアレンジしてくれる）

酒泉《ジュチュエン》

酒泉の鐘鼓楼。四面の通路の上にはそれぞれ四文字熟語が書かれている。

酒泉の名の由来となった公園。碑の奥に泉が涌き出ている。

酒泉（ジュチュエン）

かつて粛州と呼ばれた酒泉は、「鐘鼓楼」を中心に開けた街で、人口約三七万人。早くから交通の要衝として発展を遂げたところである。

街の名の由来となった公園が、街外れにある。「西漢酒泉勝跡」と言う。公園のいちばん奥にある、こんこんと湧き出る泉がそれで、近くに碑が立っていた。碑に曰く——

霍去病が河西回廊で匈奴を破った。報せに喜んだ武帝は酒を贈った。しかし、大軍に酒はゆきわたらない。霍去病がその酒を泉に注ぐと、泉の水は酒に変わった。

酒仙は「夜光杯」でも有名だ。街に工房があり、自由に見学できる。唐詩選に収められている「葡萄の美酒夜光の杯」で始まる王翰の『涼州詞』は西域の匂いを滲ませており、当時の生活が伝わってくるようだ。

万里の長城西の端、嘉峪関。

嘉峪関（ジアユーグァン）

中国に興味を持っていない人でも、万里の長城を知らない人はいないであろう。その万里の長城の最西端に聳える砦が嘉峪関である。

「天下の雄関」と呼ばれる嘉峪関は、明代の一三七二年に名将馮勝が設計し、二〇〇〇〜三〇〇〇人の兵士が常駐していたという。東の端の「山海関」から六〇〇〇キロに位置する、まぎれもなく西の端だ。当時はこれより先は異民族の世界だったのである。

嘉峪関は内城と外城の二重構造になっていて、城壁の高さは二〇メートルはあるだろうか、その上に三層の楼閣が毅然と鎮座している。土でつき固められた城門を潜ると、馬で登れるように、階段の付いていない急な坂道があった。兵士は馬で駆け上がり、楼閣で待つ将軍に現状を報せたのであろう。

その嘉峪関の砦に立ってみた。目の前には広大なゴビ砂漠が広がっている。ときおり西や東に向かう列車が、城壁の切れ目を通り過ぎる。昔はラクダで隊商を組んで移動していたに違いない。

背後に連なる万年雪を抱いた祁連山脈を眺めながら、かつてここに駐屯していたであろう大勢の兵士のことを想像する。往時も同じような光景が広がっていたに違いない。それを見ながら彼らは何を思っていたのだろうか。戦いに明け暮れる日々、彼らは何を楽しみに暮らしていたのだろうか。

砦からさらに城壁が南に延びていた。どこまでも続いているかに見えるその城壁の最先端を見たくなり、城壁に沿って進んだ。するといくらも行かないうちに、城壁は断崖絶壁で途絶えた。下には北大河が流れ、傍に「万里長城第一墩」と書かれた碑があった。正真正銘、万里の長城西の端だ。

対岸はいくぶん低くなっていて、ワイヤーで渡れるようになっていた。と言っても、滑車を使って一気に滑り降りるという「絶叫マシーン」の一種である。帰りは吊り橋を渡り、当時の家屋などを再現したテーマパークに寄るという仕組みだ。いたずらに手を加えず、自然のままがいいのになと思うが、時代の流れに逆らうことは難しいのかも知れない。

北京郊外の八達嶺を小さくしたような長城もある。「懸壁長城」と言う。山の稜線に沿って城壁が築かれており、明代に築かれた頃は全長一・五キロあったという。今は五〇〇メートルほどが整備されているに過ぎないが、最傾斜角四五度という石段を登り、頂上から眺めると、ここがゴビ砂漠真っ只中のオアシスだということが実感できるのだった。

万里の長城第一墩。

内城へ通じるゲート。近年博物館も傍に建った。

嘉峪関の楼閣。ここからさらに城壁は砂漠の中を西に延びている。

■酒泉からのアクセス

鉄道

酒泉駅――北京駅　K44で32時間11分（隔日）
酒泉駅――西安駅　1068で23時間04分
酒泉駅――蘭州駅　T296で11時間03分
酒泉駅――武威駅　T296で４時間35分
酒泉駅――張掖駅　T296で１時間50分
酒泉駅――敦煌駅　T295で４時間18分
酒泉駅――ハミ駅　T295で７時間11分
酒泉駅――トルファン駅　T295で12時間20分
酒泉駅――ウルムチ駅　T295で14時間29分

バス（西関バスターミナル）

酒泉――蘭州　5：30　7：00
酒泉――張掖　8：00　9：00　10：00
酒泉――武威　8：00
酒泉――敦煌　9：00　10：00
酒泉――嘉峪関　7：00～20：00　20分に１便

●酒泉のホテル

龍騰賓館（ツイン160元から）、航天飯店（ツイン262元から）

●旅行会社

酒泉国際旅行社（航天飯店の敷地内にある。嘉峪関や懸壁長城、魏晋壁画墓などへのツアーをアレンジしてくれる）

敦煌《ドゥンホアン》

街中に立つ飛天の像。敦煌のシンボルになりつつある。

敦煌（ドゥンホアン）

広大な砂漠に囲まれた敦煌は、古代都市長安（西安）と西域を結ぶ中継地で、仏教文化の花開いたところである。沙州とも呼ばれ、人口は約一四万人。街の中心には沙州市場があって、日常品から土産物屋まで何でも揃い、毎日大勢の人でごった返している。夜になると屋台がずらりと並び、炭火で焼いたヒツジの串焼き、シシケバブの香りが辺りに立ち込め、つい立ち止まってしまう。

街外れには高さ一二メートルの「白馬塔」が建っている。現在あるのは清代に修復されたものだが、もとは四世紀の南北朝時代に創建された歴史のある塔だ。この塔は亀茲国（現在のクチャ）の高僧、鳩摩羅什が、旅の途中、敦煌で愛用の白馬が死んだため、地元の信者が塔を建てて祀ったのが始まりだと言われている。

敦煌での最大の見どころは何と言っても市の南東約二五キロに位置する「莫高窟」である。五世紀から一五世紀まで一〇〇〇年にわたって石窟が作り続けられたのである。現在確認されている石窟は四九二窟。一般開放されているのは四〇窟ほどだが、まさに砂漠の大画廊だ。

係員に施錠されたドアを開けてもらい、石窟の中に入ると、仏像が一〇〇〇年の時を刻むように静かに佇んでいた。まわりには見事な壁画が描かれている。だが、一〇〇年ほど前にこの地に入った日本や欧米の探検家により、本当に貴重な文書や壁画が持ち去られたことも事実である。

莫高窟と同時に忘れてならないのが「月牙泉」である。市内から南に五キロほど行った鳴沙山の谷間に湧き出る泉だ。砂漠で囲まれた地に水が湧き出ることも不思議だが、一度も枯れたことがないというから驚かされる。泉のそばには近年、楼閣が建てられ、登ることができるように

敦煌郊外の莫高窟。9層からなる楼閣の内部には巨大な大仏が安置されている。

なった。お茶を飲みながら月牙泉を眺め、ときの流れを思うのも一興だ。

月牙泉を囲む鳴沙山の稜線を歩くこともできる。ところが砂山なので、足を動かすたびに砂が流れ落ち、三歩進んでは二歩下がるといった繰り返し。わずか数十メートル登るのにもひと苦労だ。

冬に訪れた時は、雪が積もっていたので比較的登りやすかったが、立ち止まると肌を刺すような寒風に耐えなければならなかった。しかし、すっぽりと雪に覆われた銀世界は、砂漠の風紋などは見えないものの、稜線からの景色には夏では味わえない魅力がある。

観光シーズンになると、砂漠の中をラクダの背に揺られ、はるかに月の砂漠を行くキャラバンサライを体験することができる。

一日、郊外約一八〇キロに位置する「雅丹」に遊ぶことにする。自然

街の中心にある沙州市場。夜になると屋台も出る。

が作り出す不思議な光景が一面に展開しているという。途中、井上靖の小説『敦煌』を日中共同で映画制作するために作られた実物大のセット、「倣宋《ほうそう》古城」に立ち寄った。宋代の街並が資料をもとに忠実に再現されたもので、高さ八・五メートルの城壁の中を覗くと、居酒屋や民家などが建ち並んでいた。しかし、実際に人が住んでいるわけでもなく、現実感はなかった。

　さらに進むと「玉門関」という関所跡に出た。一〇メートルほどの高さの城壁が残っているだけだが、この名の由来は、西域南道のホータンから、玉を運んでくるとき通ったために、名づけられたものである。近くに藁と土を重ねて作った、漢代の長城も残っている。関所跡はもう一ヵ所、「陽関」というところがあり、烽火台が残っている。管理人がこの先は楼蘭だといって西を指した。そ

学校帰りの子どもたち。カメラを向けるととびっきりの笑顔を作ってくれた。

こは広漠たる大砂漠だけだった。しかし、この先にはかつて楼蘭の国が栄え、シルクロードの主要な街道が続いていたのである。

目指す雅丹は玉門関からさらに西に進んだところにあった。ぽつりぽつりと奇岩があらわれだしたと思ったら、いつの間にかまわりは奇岩だらけになった。長い年月の間に風雨で侵食されて出来上がった、いわば自然の芸術品である。

東西二五キロ、南北二キロにわたった平坦地に、そうした奇岩が渦巻いているのである。何ヵ所か登れるようになっていて、わずかに俯瞰できた。孔雀の形をしたものなど、人間が手を加えたのではと思いたくなるものもあり、見ていて飽きることがなかった。

㊤雪に覆われた鳴沙山と月牙泉。月牙泉には薄く氷が張り雪が積もっていた。㊦雅丹は自然が作り出した芸術品だ。

㊤敦煌郊外の玉門関。漢の時代、これより先は異国だった。㊦陽関には朽ち果てた烽火台が残っていた。

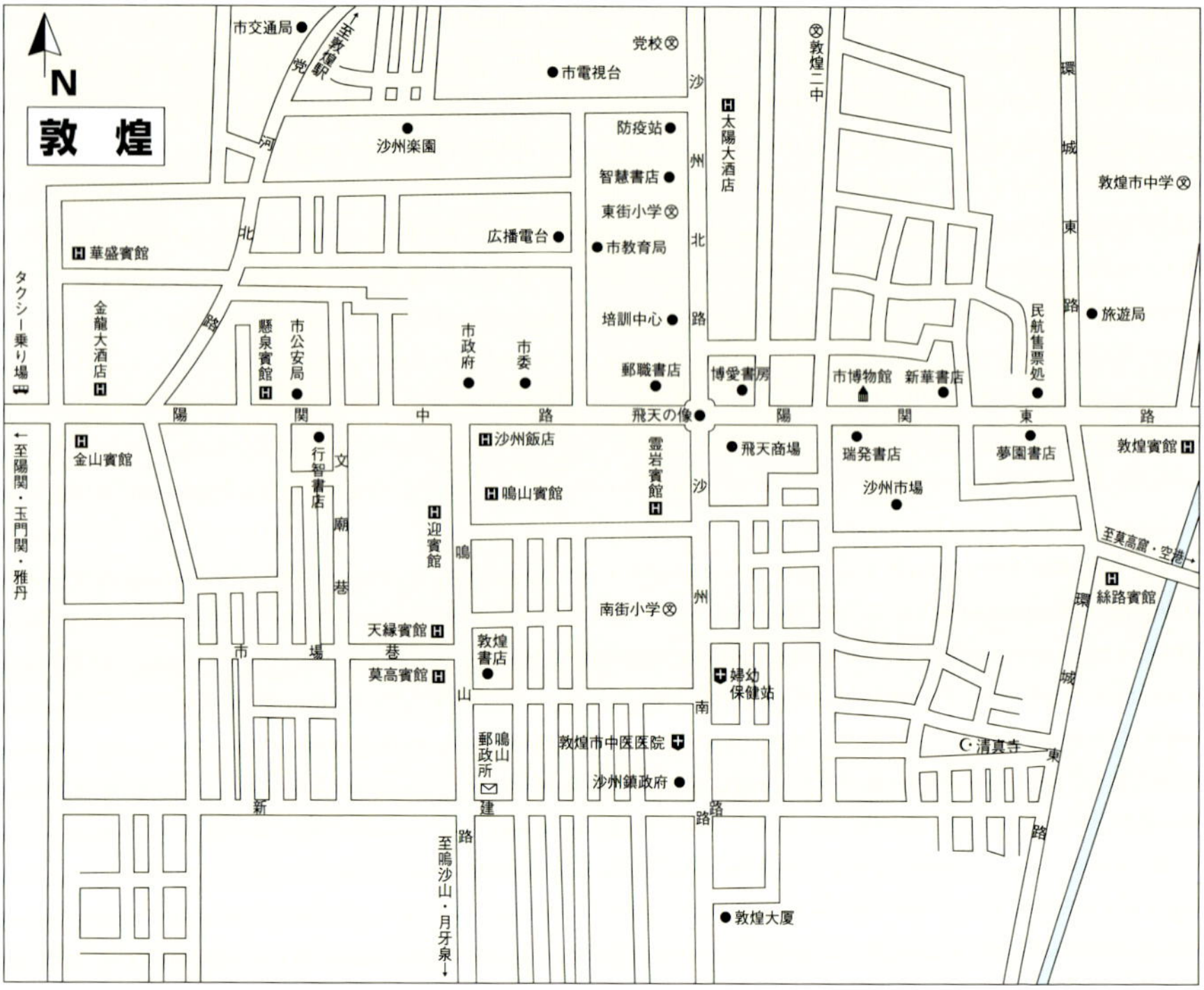

■敦煌からのアクセス

飛行機

国内線　敦煌から(週)　北京25便　上海虹橋７便　大連７便　西安17便　成都４便　ウルムチ48便

鉄道

敦煌駅――北京西駅　T70で34時間50分
敦煌駅――上海駅　T54／51で38時間20分
敦煌駅――西安駅　T70で21時間56分
敦煌駅――蘭州駅　T70で13時間19分
敦煌駅――武威駅　T296で８時間05分
敦煌駅――張掖駅　T70で５時間09分
敦煌駅――酒泉駅　T296で３時間30分
敦煌駅――ハミ駅　T69で２時間45分
敦煌駅――トルファン駅　T69で７時間49分
敦煌駅――ウルムチ駅　T69で９時間58分

バス(敦煌バスターミナル)

敦煌――蘭州　8：30　10：30
敦煌――武威　16：30
敦煌――張掖　8：30　10：30
敦煌――酒泉　7：00～22：30　１時間に１便
敦煌――ハミ　8：00

●敦煌のホテル　敦煌賓館(ツイン488元から)、飛天賓館(ツイン160元から・３人部屋30元)

●旅行会社　敦煌中国国際旅行社(莫高窟や鳴沙山、玉門関、陽関、などのツアーをアレンジしてくれる)

天山北路

天山北路

天山山脈の北を通る街道が天山北路である。北はモンゴル高原に続き、古代より遊牧騎馬民族の天地でもあった。常に移動を繰り返す彼らは、天山南路や西域南道のように、王国を作らなかった。したがって遺跡というものはないに等しい。

天山山脈から流れでた雪解け水はこの地に大草原を形成する。代表的な都市としてはウルムチ、イーニンなどがあり、その先はカザフスタンへと続く。

国境に近いイーニンはロシア色の強い街だが、ここで一九世紀中葉に「イリ事件」が起こっている。当時新疆への進出を狙っていた英国は、西トルキスタン、コーカンドの武将ヤクーブ・ベクが新疆に侵入すると、それを支援した。さらにイリ地方を目指すと、ロシアは自国の権益を確保するため、一八七一年にイリに軍隊を送り、占領してしまう。その後、清朝政府とロシア政府の間で何度も話し合いが行なわれた結果、一八八一年に「イリ条約」が締結されて、イリ地方の国境を決められ、新疆全土がロシア貿易に開放されることになるのである。

ところで、現在、天山山脈のふところにはウイグル族やカザフ族が遊牧生活を送っているが、初めて馬に乗り遊牧を始めた民族は「スキタイ」という古代民族である。彼らは紀元前六世紀から前三世紀にかけ、黒海北岸の草原地帯で、草を食みながら移動するヒツジと共に自分たちも移動するという生活スタイルを作り上げた。機敏に移動するため馬に乗ることも考えて、乗馬に合った服装をし、移動しながら生活するのに便利なテント、いわゆるゲルも考案した。

その後、匈奴がそのスタイルをまね、モンゴル族が継承した。匈奴と漢民族がたびたび戦ったのには深刻な理由がある。

遊牧騎馬民族匈奴は、冬になると北方の草が枯れるため、草を求めて南下する。しかし、本来自分たちの冬の露営地であったところには、農耕民族の漢民族が住んでおり、畑を作っているため、ヒツジが食べる草がない。自分たちも生活できなくなるので、掠奪ということになり、戦いが起きるというわけである。匈奴と漢王朝の戦いに終止符を打ったのが漢の名将霍去病であることは前に述べたとおりである。

なお、元王朝を起こし、大帝国を築いたモンゴル族は、現在ではほとんどがモンゴル草原に住んでいるが、天山北路にも若干ながら居住している。遠征した折、その地に留まったモンゴル族の末裔たちである。

ウルムチ

烏魯木斉

バザールで店番をする男の子。ウルムチ。

ウルムチ（烏魯木斉）

新疆ウイグル自治区の区都であるウルムチは、天山山脈の東麓に位置し、人口約一八二万人。自治区の政治・経済、文化、交通の中心である。近年、急激に発展した街で、街なかに聳える「紅山公園」（標高九三四・四メートル）から眺めると、高層ビルが目の前に広がり、他の街々とは趣を異にしている。

人々の憩いの場となっている人民公園を中心に開けたこの街は、現在では漢民族の住民が圧倒的に多いため、他の漢族の街とあまり変わらない様相をしているが、元来はウイグル族、カザフ族、回族、モンゴル族など、多くの民族が暮らす隊商貿易の中心地だったのだ。

夜になると日中の暑さもおさまり、通りには屋台が出て、老若男女で賑わう。私も夜毎屋台を訪れ、裸電球の下でビールを飲みながらシシケバブなどを頬張るのが日課となった。しかし、まわりを眺めると、ビルの谷間を煌々と街灯が照らしていて、本当にここがシルクロードの街なのかと妙な気分になる。

人民公園の南に、二道橋市場がある。近代的な建物に生まれ変わったが、市内最大の「市」で、通りの向かい側には国際大バザールもできた。こちらは食物屋が主体だ。市を覗いてみると、見たことのない枯れた花がいくつも吊るされている。聞けば、「雪蓮」という漢方の一種で、関節炎や貧血に効果があるという。他にも商品が山のように並んでいる。衣服を中心に装飾を施したナイフ、香辛料、ドライフルーツ……。

ドライフルーツなど試食できるものの前を通ると、必ず「おひとつどうぞ」と声をかけてくる。「まわりにいっぱいあるけど私のが一番よ」と誘ってくるのだ。どれどれと口に入れ、ちょっとでもおいしい仕草をすると、すかさず袋に詰めようとする。でも買う買わないは自由。断ってもだれも文句を言わないし、買う時は値切るのが常識だ。

そもそも市場は値段があってないようなもの。需要と供給のバランスの上に成り立ち、お互いの納得で商品が売買される。だから自分の納得のいく値段まで交渉する。これがバザールでの買物の楽しみでもある。最初から値段が決まっていて、「いやならいいよ」と言われるより、よっぽど人間的だ。

もちろんウルムチの目玉はバザールだけではない。自治区博物館は必見。イスラム建築様式の建物で、所蔵文化財は五万点。中でも楼蘭から発掘されたミイラ、「楼蘭の女王」は保存状態もよく見逃すことはできない。

㊤二道橋市場は近代的に変わったが、その隣は昔ながらのバザールだった。㊦国際大バザールのメインストリート。ショッピングアーケードもある。

天池
ティエンチ

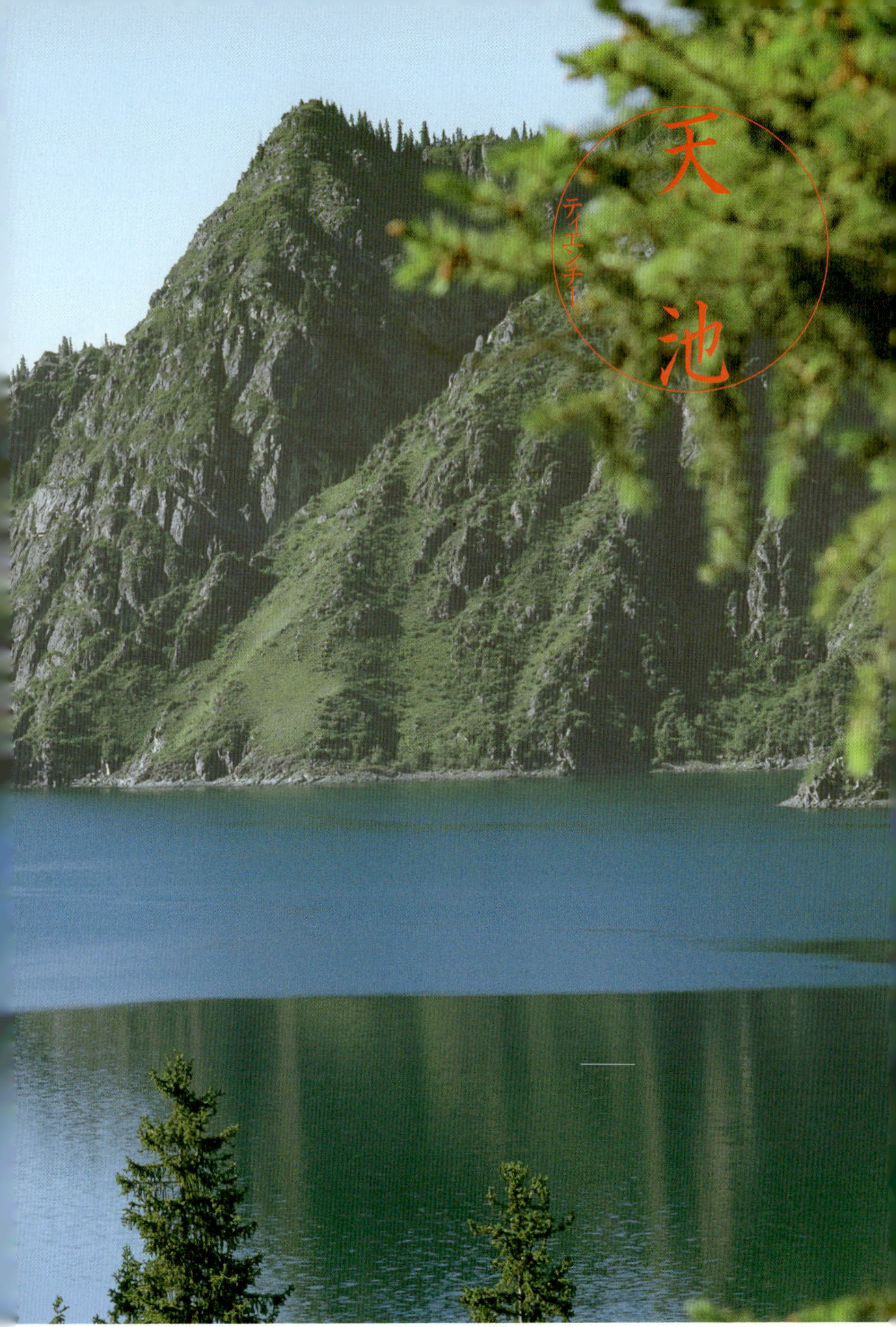

ウルムチ郊外の天池は森林保護区に指定されていて、自然を満喫するにはもってこいだ。興味があれば乗馬も楽しむことができる。

カザフ族が遊牧生活しており、彼らのゲルを訪れるのも楽しい。

天池（ティエンチー）

景勝地「天池」は、ウルムチの郊外、天山山脈の東端に位置する標高五四四五メートルのボゴダ峰の峡谷にある。湖沿いに奥に分け入るにしたがい、そのときどきの、変化に富んだ景観を楽しむことができる。

一画に、カザフ族がゲルを張り、ヒツジやヤギを飼っていた。私はそこに数日滞在させてもらった。

天池は標高が二〇〇〇メートルほどもあるため、夏でも太陽の出ない日や夜は、セーターや上着なしでは過ごせない。ゲルの中も風こそ防げるが、ストーブの火が消えると急激に温度が下がる。夜中に寒さで何度も目が醒め、滞在中、寝不足に悩まされた。しかし、彼らはこのピーンと張りつめた空気と解放感が好きなのだという。遊牧民ならではの感覚である。

観光地になっている南山牧場は、カザフ族の住む緑豊な草原だ。

南山牧場 (ナンシャンムーチャン)

ウルムチのもうひとつの景勝地「南山牧場」に行った。南山という名のとおり、ウルムチから五〇キロほど南の天山山脈の谷間にあった。この辺りには放牧地が多数あり、天池と同じくカザフ族が住み、山裾に彼らの住むゲルが点在している。

訪れた時ちょうど、男性だけでヒツジを奪い合う競技「ディオヤン」をやっていて、それが終わると、若い男女が馬に乗り草原を駆けまわりだした。女性が男性を追いかけ、鞭をふるっている。これがカザフ族の愛情の表現なのだと聞いたが、本当かどうかわからない。

そこへ盛装した若い女性が馬に乗ってやってきて、馬に乗らないかと言う。草原を疾走するカザフ族の姿が自分と重なり、「乗りたい」と即座に答えた。すると彼女は自分の体を

男性たちが馬に乗って繰り広げるディオヤン(ヒツジの奪い合い)。

前の方にずらし、乗れと言う。てっきりひとりで乗るものとばかり思っていたので面食らった。もちろん、乗馬に自信があるわけでもない。鐙《あぶみ》に片足を掛け、彼女に助けられながら馬にまたがった。

ところが、走りだしてすぐに後悔してしまった。ゆっくりとはいえ、馬は斜面を駆け登ったり駆け下りたりする。彼女は毎日乗りなれているので平気だろうが、こちらは振り落とされたらたいへんだ。といって、後ろから抱きつくわけにもいかない。手綱だけを頼りに体勢を保つのに必死で、乗馬を楽しむゆとりなどとてもなかった。

ゲルが点在する放牧地の奥に分け入ると、ゴーッという音がし、突然、落差四〇メートルほどの滝が現れた。これもシルクロードの景観なのだ。自然の素晴らしさに驚嘆した瞬間だった。

■ウルムチからのアクセス

飛行機

国際線（週）

ウルムチ――ロシア（モスクワ） 4便
ウルムチ――ロシア（ノヴォシビルスク） 2便
ウルムチ――キルギス（ビシュケク） 2便
ウルムチ――パキスタン（イスラマバード） 2便
ウルムチ――カザフスタン（アルマティ） 3便
ウルムチ――ウズベキスタン（タシケント） 3便
ウルムチ――韓国（ソウル） 1便

国内線　ウルムチから（週）

北京42便　上海虹橋42便　大連2便　広州31便　香港1便　南京12便　武漢8便
重慶14便　昆明14便　成都31便　西安47便　蘭州25便　敦煌21便　コルラ49便
クチャ9便　アクス25便　カシュガル56便　イーニン85便　ホータン9便

●鉄道

国際列車

ウルムチ駅――カザフスタン（アルマトイ）　月、土　23：58

国内

ウルムチ駅――北京西駅　T70で45時間05分
ウルムチ駅――上海駅　T54／51で48時間25分
ウルムチ駅――西安駅　T70で32時間01分
ウルムチ駅――蘭州駅　T70で23時間24分
ウルムチ駅――武威駅　1044で22時間58分
ウルムチ駅――張掖駅　T70で15時間14分
ウルムチ駅――酒泉駅　1044で17時間21分
ウルムチ駅――敦煌駅　T70で9時間59分
ウルムチ駅――ハミ駅　T70で6時間56分
ウルムチ駅――トルファン駅　N946／947で2時間17分
ウルムチ駅――コルラ駅　N946／947で10時間18分
ウルムチ駅――クチャ駅　N946／947で13時間53分
ウルムチ駅――アクス駅　N946／947で17時間02分
ウルムチ駅――カシュガル駅　N946／947で22時間58分

バス（ウルムチ・バスターミナル）

ウルムチ――イーニン　9：00　10：00　11：00　15：00　17：00　19：00　21：00
ウルムチ――コルラ　10：00　11：00　12：00　13：30　15：00　20：00　21：00
ウルムチ――ハミ　20：00

バス（南郊バスターミナル）

ウルムチ――トルファン　9：00〜20：15　20分に1便
ウルムチ――クチャ　14：00〜20：00　1時間に1便
ウルムチ――アクス　14：00〜19：30　30分に1便
ウルムチ――カシュガル　11：00〜20：00　1時間に1便
ウルムチ――ホータン　12：00〜20：00　1時間に1便

天池、南山牧場へは人民公園の北門前の広場で、1日ツアーを募集している。

●ウルムチのホテル

華僑賓館（ツイン24元から）
電力賓館（ツイン368元から）
新疆飯店（ツイン190元から・60元〈シャワー・トイレ共同〉）

旅行会社

新疆中国国際旅行社（航空券や列車の切符、天池や南山牧場の1日ツアーをアレンジしてくれる）

ウルムチ
N
塔西南賓館
哈密路
自治区博物館
利華酒店
銀都酒店
友好南路
虹
西北路
西
市中医院
紅山公園
県検察院
県公安局
紅山体育館
新民西街
新華北路
市南供電局
烏魯木齐電視台
五十三小
新民路
紅山路
建区医院
五星路
八一中学
華都飯店
市郵政局
新疆日報社
假日大酒店
人民公園
工人文化宮
青少年宮
博格達賓館
区教育学院
光明路
青年路
新華北路
市消防局
人民電影院
人民飯店
児童医院
市公安局
建国門飯店
解放北路
区党委
民主路
美麗華大酒店
中山路
紅旗路
市電信局
区政府
雅瑪里克山森林公園
雅山隧道
宝山路
宝山飯店
揚子江路
黒龍江路
バスターミナル
長江路
富麗華酒店
五一電影院
黄河路
区中医院
奇台路
沙区政府
伊犁大酒店
遠方賓館
十中
新華南路
解放南路
人民劇場
新華書店
旅遊局
金銀大道
区医院
婦幼保健医院
巴里坤寺
国際大バザール
二道橋市場
金銀川賓館
八一賓館
ウルムチ駅
皇朝大酒店
新疆飯店
公安庁
銭塘江路
烏魯木齐賓館
西蔵阿里飯店
教育大厦
七一電影院
河灘南路
広電大学
三建中学
過境公路
華僑賓館
勝利路
新華書店
六中
商校
団結路
十六中
三十中
珠江路
芸術学院
延安公園
友誼医院
十小
間疆賓館
辺疆賓館
新疆大学
動物園
紅湖
維吾尔医医院
大湾郷政府
南郊バスターミナル

ハミ
哈密

ハミ王墓の中にあるモスク。装飾された尖塔がきれいだ。

イスラム教徒は宗教上ブタ肉は食べない。主食はヒツジである。

ハミ（哈密）

天山山脈の東の端に位置するハミは、天山の雪解け水が作るオアシスのほとりにできた人口約四〇万の豊かな都市である。シルクロードの交易都市として、西に向かう人々の最初の宿場町でもあり、当時は伊吾と呼ばれていた。

「ハミウリ」というラグビーボールのような瓜は中国全土に知られている。しかし、ハミウリの原産地は実際にはこの地ではなく、トルファン盆地の特産品なのである。

ではなぜハミウリという名がついたのか。それは、この地がハミウリの集散地で、新疆で採れるハミウリはこの街を経由して全国に広がったからだという。もうひとつ、昔、ハミ王が皇帝に贈ったところ、あまりにもおいしいので、この果物は何という名だと尋ねられ、思わず「ハミ

博物館に展示されていた約3200年前のミイラ。

ウリでございます」と答えたためとも言われている。

そんなハミの見どころと言えば、街外れにある「ハミ王墓」であろう。ハミ王国は、九代にわたってこの土地を統治したウイグル族の地方政権である。陵の中央にあるのが七世モハメド・ビシル王の墓で、ドーム型の屋根を持つ典型的なイスラム様式である。ビシル王と向き合うように、尖塔の装飾が見事なモスクが建っている。一七世紀初期に建てられたもので、三〇〇〇人収容できる広さを持っている。

ハミ王墓の近くには、円形の屋根と回廊のある「ケイス墓」がある。ケイスは七世紀にイスラム教を布教するため、アラブから来た人物と言われている。元は甘粛省との境の星星峡にあったが、そこが軍用地になったため、一九四五年に今の場所に移されたものである。

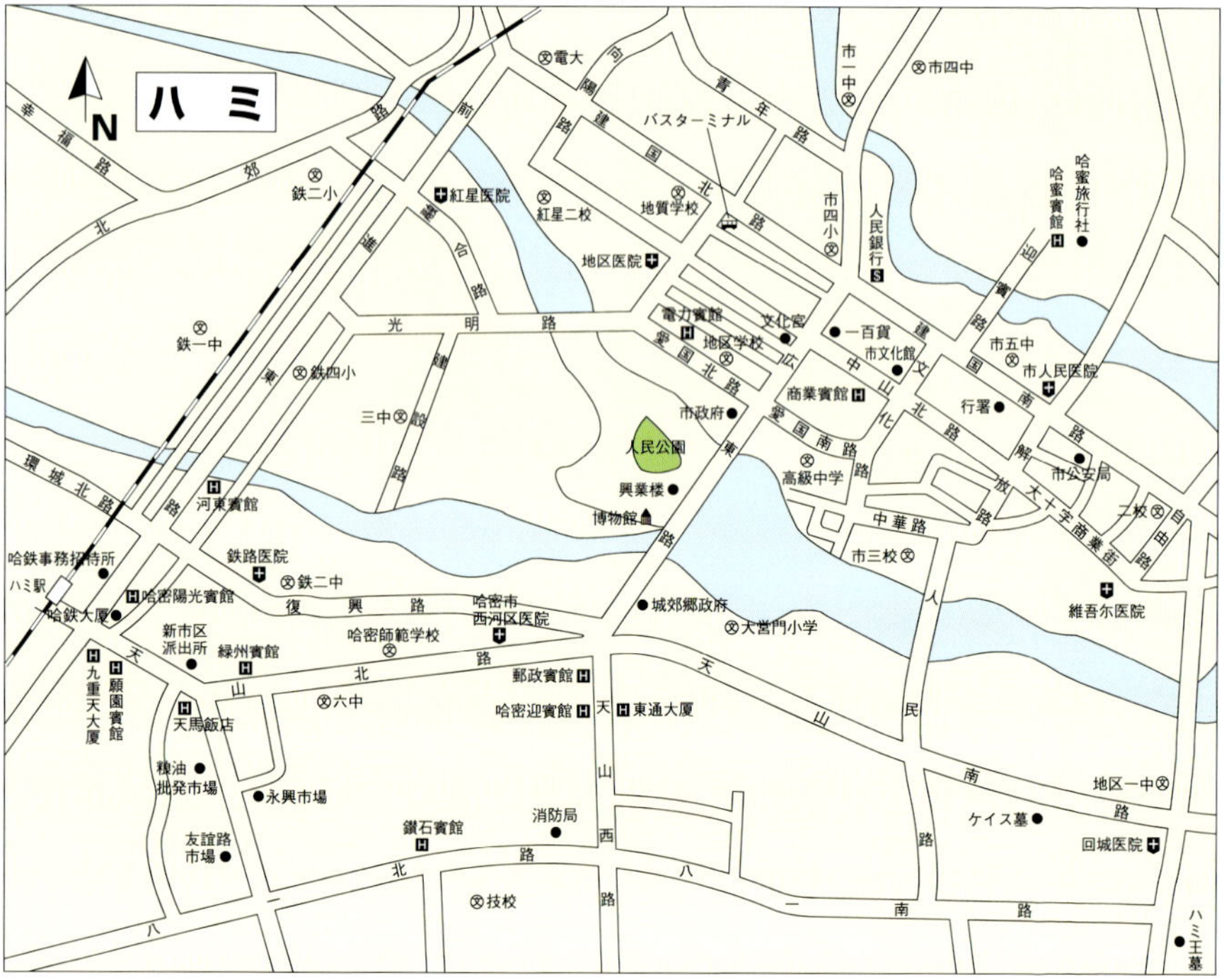

ハミからのアクセス

鉄道

ハミ駅――北京西駅　T70で37時間51分
ハミ駅――上海駅　T54／51で41時間21分
ハミ駅――西安駅　T70で24時間57分
ハミ駅――蘭州駅　T70で16時間20分
ハミ駅――武威駅　1068で15時間05分
ハミ駅――張掖駅　T70で８時間10分
ハミ益――酒泉駅　1068で９時間22分
ハミ駅――敦煌駅　T70で２時間55分
ハミ駅――トルファン駅　T69で４時間56分
ハミ駅――ウルムチ駅　T69で７時間05分

バス（ハミバスターミナル）

ハミ――ウルムチ　11：00　13：00　20：30
ハミ――トルファン　9：30
ハミ――ピチャン　9：30
ハミ――敦煌　8：30
ハミ――酒泉　8：30
ハミ――玉門　8：30　19：00
ハミ――蘭州　18：00
ハミ――安西　13：00
ハミ――西山　16：00

ハミのホテル

郵電賓館（シングル60元から）、商業賓館（シングル150元、350元）

イリ河は地元の人にとって憩いの場だ。

イーニン（伊寧）

イリ・カザフ自治州の州都であるイーニンは、人口約三七万人。イリ（イリとはこの地方全体を指す）と呼んでも通じる。街の中心は近代的な建物が建ち並ぶが、街はずれに出ると、土壁でできた古い家並みが続く。そんな通りを歩いていると、お使いの帰りらしい女の子が荷物をかかえ、笑顔で私を追い越していった。その笑顔につい誘われ、断りもなく家の中までついていった。元来客好きのこの地の人たちは、そんな私の行動をとがめもせず、あたたかく迎えてくれ、お茶をご馳走してくれた。

家は新疆特有の、塀で囲まれた中庭を持っているが、他の街とどこかイメージが違う。どうしてなのだろうと思っていると、きれいに細工され、青や茶色のペンキで彩られた窓枠、彫刻が施された柱が目についた。どうやら建造物のディテールが原因だ。いわゆるロシアンスタイルである。そのために違和感があったのだ。

再び通りに出ると、先ほどまで気づかなかった、帝政ロシアを彷彿させる建造物が目に留まり、新たな興味がわいてきた。「イリ賓館」の中庭には、レーニンの像も立っているではないか。考えてみれば、一九世紀末の一時期とはいえ、この地はロシア領だったのである。ロシア人も多く住んでいたが、一九六二年を境に、ほとんど帰国したと聞かされた。ロシアの文化を垣間見ても不思議ではないのだ。

人民広場から南下すると、ウィークデーにもかかわらず、バザールが開催されていた。聞くと毎日あり日曜日は特に人出が多いという。テレビを備えた茶店もあり、休憩がてら中に入った。あまりにテレビのボリュームが高いので、低くしてくれと頼むと、客が来なくなるのでだめだと言う。確かにどの店もボリュームを目いっぱい上げ、テレビのない茶店は閑散としていた。

街の南西にイリ河が流れ、西流してカザフスタンへ続き、バルハシ湖に注いでいる。「イリ大橋」という一九七五年に架けられた橋があり、小さいながらも市が開けていた。この橋の先には、清の時代に東北地方から移住させられたシボ族が住んでいる。カザフスタンとの国境までわずか七〇～八〇キロである。

国境と言えば、イーニンから九〇キロほど北西の、一九八三年に開かれたコルガス国境を訪れた時には、驚いた。銃を持った歩哨が立っているのだが、人々は全く無頓着にそのまわりをうろうろしている。すぐ傍には国境市場があり、カザフスタンから中国製品を買いに来た人で賑わっていた。あまりにのんびりとした

イリ河で遊ぶ子どもたち。奥に見えるのがイリ大橋。

雰囲気に逆に面食らってしまった。

イリ大橋のたもとには、大勢の人たちがたむろしていた。以前訪れた時は、一〇メートルはあろうかと思われる橋の欄干から子どもたちがダイビングしていた。川の流れは見た目よりも速く、あっという間に下流に流されていく。今は小型ボートが岸辺に何艘もつながれていて、イリ河をアクロバティックに走行するのが人気を呼んでいた。

夕方になると、地元の人たちが三三五五集まり、岸辺に佇んでお茶を飲み、地平線に沈む夕日をじーっと眺めている。水の流れに身をまかせていると、知らぬうちに国境を越え、カザフスタンに入ってしまうんだなあと、わけもなく考えた。本当に国境なのかとも思う。だが、間違いなくこの橋の向こうに別の世界が存在する。

イリとはそんな街であった。

バザールで特大のナンを売るウイグル族。

サリム湖

賽里木湖

サリム湖沿いは緑豊な牧草地で、夏には遊牧民で賑やかになる。

イーニンの郊外にある恵遠城鐘鼓楼。

サリム（賽里木）湖（サイラム・ノール）

イーニンから一三〇キロほど北のサリム湖は、標高二〇七三メートルに位置する。周囲は約一〇〇キロと広く、青々とした水をたたえ、もっとも深いところで九〇メートルほどもある。

湖のまわりの小高い丘は緑で覆われ、新疆ウイグル自治区で最大の草原地帯だ。近年、観光用のゲルや山荘も見られるようになったが、夏はもっとも過ごしやすい季節なので遊牧民が大挙押し寄せる。彼らはこの地を露営地として利用し、多くのヒツジやヤギ、ウシなどが放牧されている。

毎年七月中頃には、周辺に住むモンゴル族やカザフ族による祭が盛大に行なわれるところでもある。

コルガスはカザフスタンとの国境だ。ゲート近くには市場が開かれている。

恵遠城（ホイユエンチェン）

イーニンから約四五キロ西にある恵遠城に、「イリ将軍府」がある。清の時代、乾隆帝《けんりゅうてい》はジュンガル部の反乱を平定し、新疆地区を再び清朝政府の直轄下に置いた。その後、乾隆帝は辺境の安定と領土確保のため、イリ将軍を常駐させ、この地方の防備に当たらせたのだ。

恵遠城に赴任した著名人に、大臣の林則徐《りんそくじょ》がいる。彼はアヘン戦争（一八四〇～一八四二年）の折、強硬な手段でアヘン撲滅を図ったため、弱腰の政府にその職を解かれ、イリに左遷されたのである。

今は林則徐の着任した将軍府の跡と、後に建てられた「鐘鼓楼《しょうころう》」が残っているだけで、寂れてしまったが、清代には商店が建ち並び、たいそうな賑わいで「小北京」と呼ばれていたという。

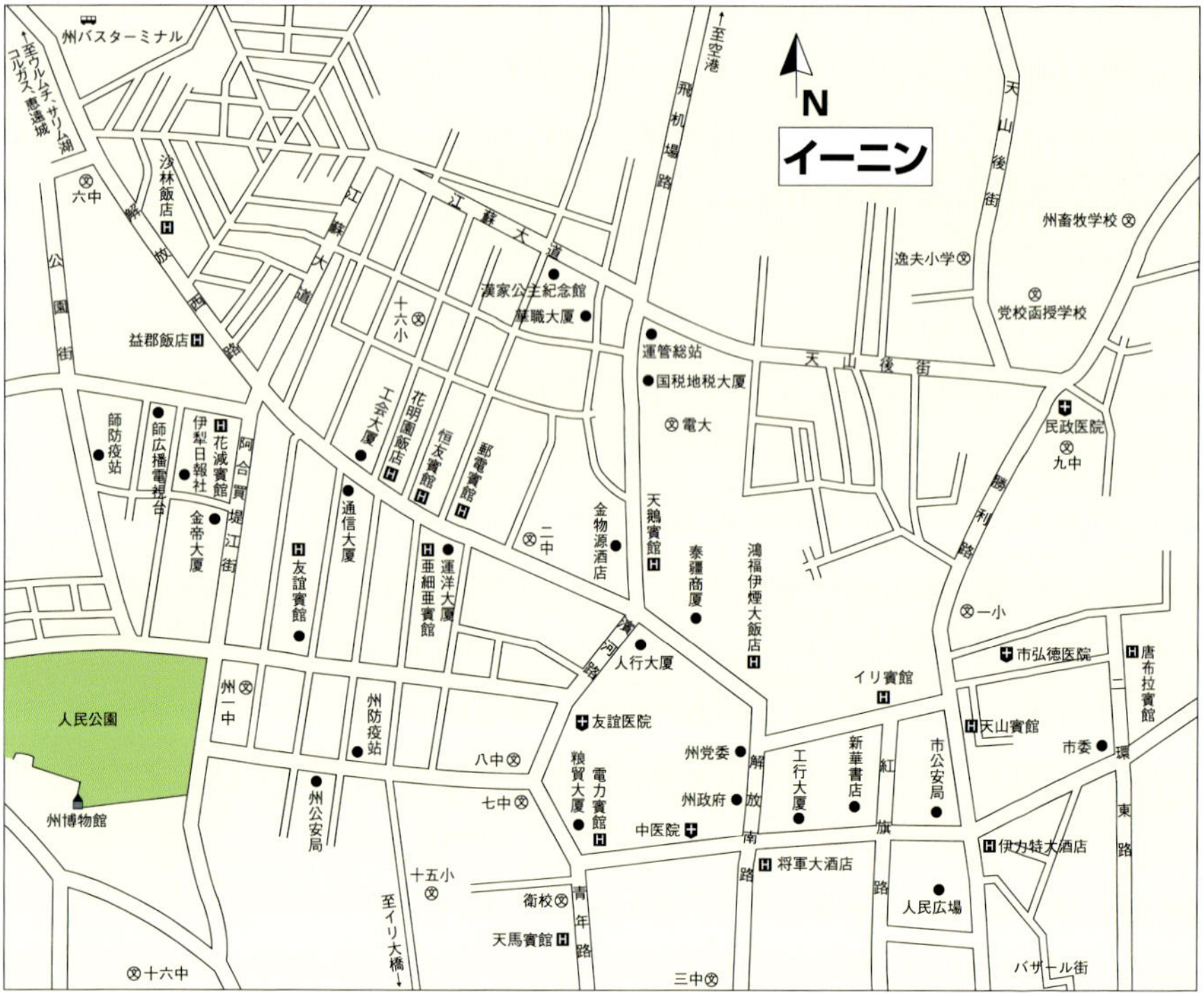

■イーニンからのアクセス

飛行機

国内線(週)

イーニン——ウルムチ　35便

バス(州バスターミナル)

イーニン——ウルムチ　9：00　10：00　11：00　12：00　15：00　17：00　19：00　21：00

イーニン——アクス　12：30　13：30　イーニン——アルタイ　12：00

イーニン——カシュガル　12：00　14：00　イーニン——コルガス　8：00〜20：00 1時間に1便

イーニン——カラマイ　15：30　イーニン——塔城　15：00

●イーニンのホテル

伊犁賓館(ツイン120元　180元)、花城賓館(ツイン130元から)、郵電賓館(ツイン80元から)

●旅行会社

伊犁中国国際旅行社(サリム湖や恵遠城、コルガス国境などへのツアーをアレンジしてくれる)

天山越え
バインブルグ〈巴音布魯克〉草原

㊤天山山脈の懐、バインブルグ草原は手付かずの自然が多く残っている。㊦放牧地を移動する遊牧民。

養蜂家も多くいるバインブルグ草原。このあたりで採集される蜂蜜は純度が高いので高値で売られている。

天山越え

（バインブルグ〈巴音布魯克〉草原）

天山北路から天山南路に抜けるため、イーニンからクチャまで、バスを利用して天山越えすることにした。天山越えと一口に言っても、その天山の大きさは、西のパミール高原から東のハミまで二五〇〇キロ、南北は四〇〇キロもあり、日本列島がすっぽり納まる大きさなのである。

バスは二段ベッドが縦に三列並んだ寝台車である。一列には一〇人、計三〇人が定員となる。早い時間にチケットを買ったため番号は一番、最前列下段だった。前にも何度か寝台車に乗ったことがあるが、今回乗って驚いたのは床にじゅうたんが敷かれていたこと。靴を履いていられるのは、入り口のステップまでだ。運転手に渡されたビニール袋に靴を入れて中に入ると、ベッドの下には、靴を入れられるように引き出しまで付いていた。

バスは予定より三時間遅れで出発した。舗装された通りのまわりには草原が広がり、ときおりヒツジの放牧も見られる。小川が流れ、遠くには雪を被った山々。そうした光景をベッドに横になりながら眺めていた。

この地域でもっとも大きな町、ナラティを通り過ぎた頃から、道は急激に悪くなっていく。川沿いに、山の奥へ奥へと分け入っていくと、遊牧民のテントや養蜂家が点在していた。この地域で採れる蜂蜜は、化学肥料とも縁がなく混ざりっけのない高純度ということで、高価で売られているのをイーニンの街で見かけた。

この辺りはバインブルグ草原と言う。モンゴル族が多くいて、町らしい町はないのだが、夏になるとナーダム祭が賑やかに繰り広げられるという話を聞いた。

数年前にこの地を訪れた時は、起伏のある緑豊かな草原にヒツジが放牧され、針葉樹が林立していた。さらに、ちょっと寄り道すれば、自然保護区になっている湿地帯の素晴らしい景観を楽しむこともできる。

ここには毎年五月から一〇月にかけて白鳥が数千羽も飛来し、その外にも数十種の珍しい鳥が生息するという。

道は次第に高度を上げる。二五〇〇メートル前後を何度も登り降りし、三〇〇〇メートルを越えることもある。峠の要所要所に雪除けなのだろうか、三メートルぐらいの高さに柵が作られている。この地域の自然の苛酷さを物語るかのように、柱が折れたり曲がったりしていて、まともに立っているものは少ない。

一日中走り続けているので、峠を走っている頃に暗くなった。しかし、満天の星空は手を伸ばせば届きそうだ。もうすぐ天山を越えられる。

天山南路

天山南路

シルクロードの大動脈でありハイライトとも言える街道が「天山南路」である。トルファンをはじめクチャ、カシュガルと旅行者に人気のオアシス都市がこの街道沿いに集中しているからである。一九九九年には南疆鉄道もカシュガルまで開通している。

しかし、今でこそ飛行機や車、鉄道を利用して比較的容易に目的地に辿り着けるようになったが、往時は何ヵ月もかけて移動した。途中病気になったり、盗賊に襲われたりして、目的を達成できなかった人たちも多くいたに違いない。その人たちの心の支えとなったのがオアシス都市である。

古来、人々は水のある、住みやすいところを求め、移動を繰り返した。やがて川に突き当たると、定住するようになり、噂を聞きつけた人々が駆けつけ、集落ができ、都市が形成されていった。さらに、生活必需品を求めて遠くから人が集まり、それを目当てに「市」がたち、交易が始まる。こうしてオアシス都市ができると、都市間が街道で結ばれ、交易路が確立される。それがシルクロードだ。

シルクロードと言えば遺跡や広大な砂漠が中心のように思いがちだが、私は過去も現在もバザール——ペルシャ語で「市」——にこそシルクロードのエッセンスがあると考えている。バザールはシルクロードを通って交易する商人や、移動しながら生活する遊牧民が作ったものであり、人々が生きていく上で必要不可欠な存在なのである。

モスクや歴史的建造物、遺跡がシルクロードの表の顔だとすれば、バザールは裏の顔、いや、もうひとつの表の顔だ。そして昔も今も、シルクロードの最大の楽しみはバザールだ。

地域の特産物に混じって、遠くから運ばれてきたいろいろな品物が無造作に並んでいる。売り手と買い手が渾然一体となり、混沌と喧騒で、これほど人間臭いところはない。

バザールは物の売買だけではない。情報交換の場であり、社交場でもあった。キャラバンを引いてくる人たちがもたらす情報は新鮮で、彼らの話を聞くために市場に集まった人たちも多かったに違いない。

必然的にバザールの近くにはチャイハナ(喫茶店)ができ、最新の情報をもとに、さまざまな話題に花が咲いていたことであろう。今でもバザールに隣接して、チャイハナやレストランがあり、人々はゆったりと流れる時間を楽しんでいる。

トルファンは現在街中にロバ車は入れなくなったが、郊外では今でも健在だ。

トルファン（吐魯番）

トルファン――。天山山脈の東に位置する盆地の街だ。天山南路、天山北路の分岐点にあり、人口約二五万人。古くからシルクロードの要衝として栄え、唐の時代に玄奘三蔵が、仏教の教典を求めてインドに行く途中、当時の高昌国に一ヵ月間滞在している。住人の大半はウイグル族だが、漢族も徐々に増えはじめている。

トルファンは、天山山脈から流れでる雪解け水を「カレーズ」と呼ばれる地下水道で導き、拓かれたオアシス都市である。地下水道にするのは途中で蒸発するのを避けるためだ。

昔から灼熱の地としても知られている。だからなのか、別名「火州」とも言う。摂氏四六度を記録したこともある。中国本土でもっとも低いところに位置し、盆地の底にあるアイディン湖は湖面がマイナス一五四メートルである。

焼けつくような暑さの中でも快適に暮らせるよう、人々は昔から知恵を絞ってきた。通りには植林されたポプラ並木が続き、荷車を曳くロバの蹄の音がそのポプラ越しに心地よく響いてくる。また、塀で囲まれた家々の中庭にはブドウ棚が作られ、日中の暑さがピークに達する頃、人々はブドウ棚の下で昼寝をして過ごすのである。

カレーズは現在も主要な水源であることに変わりはない。街外れを流れる水路では、洗濯したり水汲みに来る女性の姿をよく見かける。

子どもたちが数人、裸で水遊びをしていた。全身を水の流れにまかせ、まるで水の滑り台だ。

街の中央にバザールがある。日用品がすべて揃い、いつも活気がみなぎっている。一画で男性がハミウリを売っていた。ウイグル人が三、四人、そのフルーツを手に取って鼻に押しつけたり、手で軽くたたいたりして、品定めしている。日本でもスイカを買う時、同じような仕草をすることを思いだし、何となくおかしくなった。

私もハミウリが食べたくなり、ウイグル人の真似をして軽くたたいたり、匂いを嗅いでみた。ふわーっと甘い香りが鼻をつく。しかし、いざ買おうとすると、みな似たような手ざわりで、どれを買ったらいいかわからない。すると隣にいたウイグル人が「これはおいしいよ」と言って、自分の選んだハミウリを譲ってくれた。思いもよらぬ助け船が、トルファンの印象をさらに良くした。

街から三〇キロほどにある、トルファンでもっとも力を入れているという「葡萄溝」に行った。二時間ぐらいで到着。ブドウ棚の作られた通路を抜けて、背後の丘の上まで登る

トルファン郊外の葡萄溝。格子状の建物は干しブドウを作るところ。

と、一木一草もない荒涼とした山肌が続いている。その麓に水路が流れ、わずかにブドウとポプラの木が寄り添うように立っていた。傍に寄せ木細工のような建物が何戸も建っている。日干しレンガでできていて、中を覗くとがらんとしていた。天井からブドウをぶら下げ、干しブドウを作るのだという。

一日、郊外の遺跡をまわった。「ベゼクリク千仏洞」や「アスターナ古墳群」、「交河故城」、「高昌故城」などである。遺跡は灼熱の太陽で、かさかさになっている。そうした光景を見ると余計暑さが増し、遺跡などどうでもよくなってしまった。ただ、玄奘が訪れた高昌故城だけはゆっくりと見学した。特に何があるというわけではないが、彼が説法をしたという建物（再建されたもの）に身を置き、当時を思い浮べてみたかったのだ。しかし、あまりにきれいに再現

トルファン郊外のベゼクリク千仏洞。壁画などは破壊されたり探険家に持ち去られ、ほとんど残っていない。

『西遊記』に登場する火焔山。夕陽をあびるとひび割れた山肌はさらに赤く染まり、燃えているようになる。

されているので実感が湧かなかった。

　移動の途中、奇怪な姿の山が見えてきた。「火焔山」である。幾筋も皺を刻んだ赤黒い山肌は、陽炎でメラメラ燃えているようだ。雨上がりの翌日は水が染み込み、さらに色が濃くなるという。火焔山とは言い得て妙だ。ここを舞台に芭蕉扇を駆使して炎暑と闘う孫悟空（西遊記）は、日本でもお馴染みだ。

　最後に「アイディン湖」に向かった。それまで真っ青だった空がにわかに黄色く淀みはじめ、車はその中に吸い込まれるように進んで停まった。運転手がアイディン湖だと言う。だが水はなかった。晒け出された湖底はひび割れ、足を踏み込むとズブッ、ズブッと膝まで簡単にめり込んでいく。まるで不気味な底無し沼だ。

　オアシス都市……。響きがよく、ロマンを掻き立てるが、生きていくには厳しすぎるところだった。

㊤トルファン盆地特産のハミウリがバザールで売られている。㊦㊨街外れであったお使い帰りの子ども。㊦㊧水路は子どもたちの格好の遊び場だ。

■トルファンからのアクセス

鉄道

トルファン駅——北京西駅　T70で42時間51分
トルファン駅——上海駅　T54／51で46時間21分
トルファン駅——西安駅　T70で29時間57分
トルファン駅——蘭州駅　T70で21時間20分
トルファン駅——武威駅　1068で20時間55分
トルファン駅——張掖駅　T70で13時間10分
トルファン駅——酒泉駅　1068で15時間12分
トルファン駅——敦煌駅　T70で7時間55分
トルファン駅——ハミ駅　T70で4時間52分
トルファン駅——ウルムチ駅　T69で2時間03分
トルファン駅——コルラ駅　N946／947で7時間53分
トルファン駅——クチャ駅　N946／947で11時間28分
トルファン駅——アクス駅　N946／947で14時間37分
トルファン駅——カシュガル駅　N946／947で20時間33分

バス(トルファン地区バスターミナル)

トルファン——ウルムチ　7：30〜20：30　25分に1便
トルファン——コルラ　10：30　トルファン——アクス　11：30
トルファン——クチャ　11：30　トルファン——カシュガル　11：30

●トルファンのホテル

トルファン賓館(ツイン240元から・5人部屋30元)、トルファン大飯店(ツイン140元、268元・4人部屋30元)、交通賓館(ツイン100元から・4人部屋30元)

●旅行会社　吐魯番假日旅遊公司(交通賓館内。交河故城やベゼクリク千仏洞など郊外のツアーをアレンジしてくれる)

コルラの街中を流れる孔雀河。

桃を押しつぶしたような蟠桃。ひとつ食べると1000年生きられるという言い伝えがある。

コルラ（庫爾勒）

南疆鉄道が一九九九年にカシュガルまで開通するまで、最終駅だったコルラは、バヤンゴル・モンゴル自治州の州都で、人口約四〇万人。古くからオアシス都市を結ぶ、交通の要衝として栄えていた。

街の郊外に「コルラ故城」があったが、近年の開発で、今はほとんど見るものがない。歴史的な建造物として残っているのは、街の北、孔雀河を遡ったところにある「鉄門関」だけだ。ここは古来、タリム盆地に入る重要な通路で、紀元三世紀に設けられ、その堅固なことから名づけられたものである。

街の中央を流れている孔雀河には護岸工事が施され、遊歩道が続く。孔雀河の北側は新市街、南側は昔ながらの街並みで、少数民族が多く居住している。

街の郊外、孔雀河に沿った鉄門関。堅固な関所だったことから名づけられた。

川岸に貸しボートがつながれていた。しかし、だれも利用していない。岸辺に座り、見るともなくそうした光景を眺めていると、子どもたちが三人、四人と集まってきた。その場で衣服を脱ぐと、川に飛び込んで、泳いだり潜ったりして遊んでいる。親に連れられた浮袋持参の女の子もいる。年配の人たちも現れて、体を洗いだした。

見ているうちに、二つのグループに別れて遊んでいるのに気づいた。漢族とウイグル族のグループだ。仲が悪いというわけではなさそうだが、言葉の違いもあり、自然と同じ民族で固まるのだろう。私に話しかけてくるのは、なぜかウイグル族のグループだ。最初ウイグル語で話すが、通じないとわかると、漢語でどこから来たかとか、一緒に泳がないかと言ってくれる。ウイグル族の社交性を感じる瞬間だった。

■コルラからのアクセス

飛行機　国内線　コルラから(週)　ウルムチ49便　チャルチャン1便

鉄道　コルラ駅——西安駅　1068で47時間52分　コルラ駅——ハミ駅　1068で15時間14分
コルラ駅——蘭州駅　1068で37時間31分　コルラ駅——トルファン駅　N948／945で8時間09分
コルラ駅——武威駅　1068で30時間31分　コルラ駅——ウルムチ駅　N948／945で10時間36分
コルラ駅——張掖駅　1068で27時間05分　コルラ駅——クチャ駅　N946／947で3時間27分
コルラ駅——酒泉駅　1068で24時間48分　コルラ駅——アクス駅　N946／947で6時間36分
コルラ駅——敦煌駅　1068で19時間50分　コルラ駅——カシュガル駅　N946／947で12時間32分

バス(州バスターミナル)
コルラ——ウルムチ　10：20　11：00　12：00　13：00　14：00　15：00　16：00
コルラ——トルファン　10：00　コルラ——イーニン　9：30　コルラ——ホータン　18：00　20：00
コルラ——クチャ　10：30　12：30　14：30　16：00　17：30　19：00
コルラ——アクス　11：00　12：00　19：30　コルラ——カシュガル　11：00　12：00　19：30
コルラ——チェルチェン　10：00　14：00　16：00　18：00
コルラ——チャルクリク　10：00　12：00　14：00　17：00
コルラ——ボステン湖　10：30〜20：00　1時間に1便

●コルラのホテル　博斯騰賓館(ツイン170元から)、庫爾勒賓館(ツイン168元から)、巴音郭楞賓館(ツイン180元から)

クチャ郊外を走るロバタクシー。

クチャ（庫車）

街道の北側に、雪に覆われた稜線が青空と見事なコントラストをなしている。麓にはポプラやアンズの木、小麦畑が広がる。天山山脈だ。「天山南路」「天山北路」はこの山脈をはさんで東西に伸びる。炎天下の中、その天山南路を初めてクチャに向かったのは一九八八年のことだ。当時は未舗装だったため、砂埃が髪の毛穴まで入り込んだような不快さがあったことを思い出す。しかし、今は舗装され、鉄道も通っているので、移動は楽になった。

クチャは人口約四〇万人。新市街と旧市街からなり、旧市街では毎週金曜日にバザールが開催されている。その日に合わせてバザールに駆けつけると、「団結新橋（亀茲古渡）」と書かれた橋を中心に、通りは立錐の余地もない。どこにこれだけの人が住んでいるのだと驚いてしまった。近郊からロバに荷車をひかせ、何万人という人が集まるのだという。橋の下を見ると、河原に数えきれないほどの荷車が放置されていた。

売られているものは衣服や食料品、農機具などだが、化粧品とかラジカセなども近年見られるようになった。毎週開かれていることもあり、人々はバザールを一種の社交場として活用し、商売だけが目的ではない。だから一家総出、赤ん坊まで連れて、世間話をしながらのんびりと過ごす。食堂はどこも人であふれ、いたるところから話し声が聞こえる。生き抜くために培われた知恵が、情報伝達を可能にし、宇宙に人類が行くようになった現在においても、昔からの空間を存在させているのだ。

バザールから離れて村に入ると、泥レンガと土でできた低い家並みが続いている。平らに作られた屋根の上で、数人がせわしなく体を動かしている。何をしているのだろうと思

メッカに向かってお祈りするウイグル族。クチャ大寺。

っていると、中のひとりが登ってこいと手招きする。言われるまま、目の前の潜り戸をあけて中庭に入り、ギシギシいうハシゴを慎重に登っていくと、屋根いっぱいにアンズを干していたのだった。乾燥させたアンズはバザールなどでよく見かけるが、こんなところで乾燥させていたのだ。

街から一歩踏みだすと、緑豊かな濃耕地が開けていた。ちょうど刈り入れシーズンらしく、あちらこちらで農作業風景が見られる。

四、五人のグループがスコップで脱穀した籾を空高く放り投げていた。実が足もとに落ち、殻だけが風に乗って四方へ飛ぶ。これを何度か繰り返すうちに実だけ残る風選という作業である。ひとりがポプラの葉で作ったほうきで、散らばった籾をのんびりかき集めていた。

「キジル千仏洞」は、クチャの西約七〇キロに位置する、タリム盆地最

団結新橋のたもとで繰り広げられる週に１度のバザール。クチャ。

修復が済んだこの地域を代表するキジル千仏洞と、洞窟内の壁画。

大の石窟寺院である。三、四世紀から造営が始まり、一三世紀ごろまで続けられた。現在、ムザルト河に沿った左岸の岩壁に、長さ二キロにわたって二三七窟が確認されている。敦煌や龍門などと並ぶ歴史と規模を誇るのだそうだ。

石窟の壁面には仏画や動物画などが描かれている。しかし、かつて仏教が隆盛をきわめ、西域文化の粋を集めたクチャも、二〇世紀初頭に日本など各国の探検隊が訪れて、壁画の一部を持ち去ったり、永年の風雨で自然崩壊が進んだりして、良好な状態の石窟は半分にも満たない。そこで中国政府は一九八六年から八億円を費やし、五年計画で修復活動を行なった。日本人も有志が復興に協力している。

ガイドの案内で石窟の中を見ていく。入り口から入る採光と懐中電灯だけが頼りの薄暗い部屋に、弥勒菩薩や釈迦の前生物語などが描かれている。各国の探検隊によってえぐりとられた痛々しい傷跡もそのまま残っている。三八窟は音楽洞で、楽器を奏でる絵が描かれていた。

以前、旧市街を歩いていた時のことを思い出した。

どこからともなく弦を爪弾く音色が聞こえたので、たどっていくと、女性が民族楽器のドタールを弾いていた。かつて、暑く寝苦しい夜は、楽器を持ち寄り、夜通し歌い、踊ったという。

「亀茲楽」としてその名は中国内で知れ渡っているが、昔からこの地域は、音楽が盛んだったことを再認識させられたのだった。

主流だったロバ車も近年車に変わりつつある。

街の郊外で繰り広げられていた風選作業。情緒あふれる光景だ。

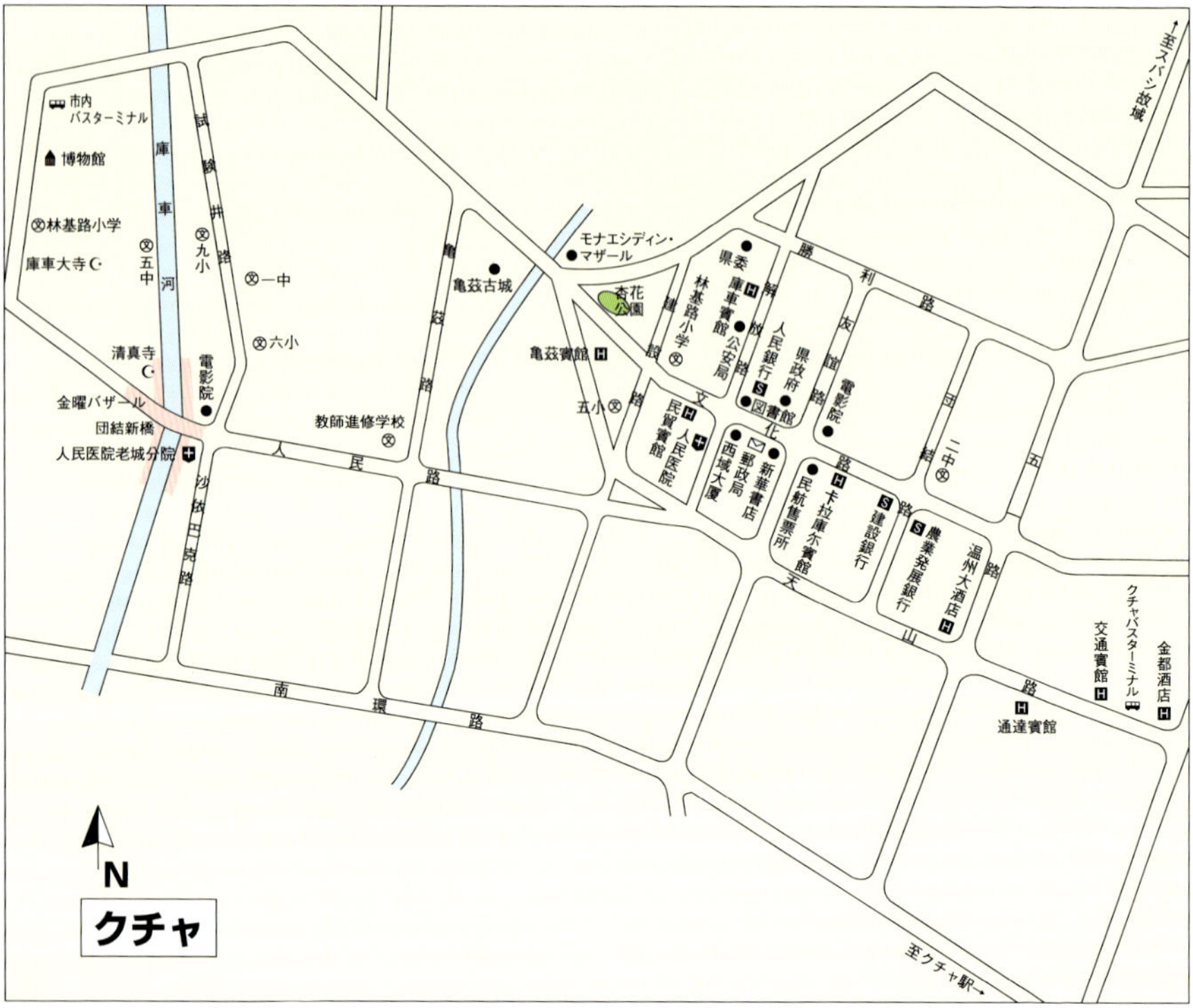

■クチャからのアクセス　飛行機　国内線　クチャから(週)　ウルムチ９便

鉄道

クチャ駅——ウルムチ駅　N948／945で14時間11分

クチャ駅——トルファン駅　N948／945で11時間44分

クチャ駅——コルラ駅　N948／945で３時間18分

クチャ駅——アクス駅　N946／947で３時間03分

クチャ駅——カシュガル駅　N946／947で８時間59分

バス(クチャバスターミナル)

クチャ——ウルムチ　18：00　19：00　19：30　20：00　20：30

クチャ——コルラ　10：00〜17：00　30分に１便

クチャ——アクス　9：30〜19：30　１時間に１便

●クチャのホテル

クチャ賓館(ツイン150元から)、交通賓館(ツイン120元・３人部屋50元〈トイレ、シャワー共同〉)、民貿賓館(ツイン100元から)、亀茲賓館(ツイン240元から)、金都賓館(ツイン100元から)、温州大酒店(ツイン120元から。３人部屋140元)

●旅行会社　クチャ中国国際旅行社(スバシ故城やキジル千仏洞などへのツアーをアレンジしてくれる)

アクス
阿克蘇

アクスの郊外はのどかな田園地帯が広がっている。

この地域で田圃を見たとき正直言って驚いた。

アクス（阿克蘇）

アクスは天山南路のほぼ中央に位置し、人口は約五七万人。街の中心の広い通りには、七〜八階建ての近代的なビルが建ち並んでいる。近年、ビルの五階に博物館が開館され、この地域から出土したミイラや古銭、それに「キジル千仏洞」、「クムトラ千仏洞」などの写真が展示されている。

アクスの街なかにはこれといって見るものはなかったが、新疆で最大級を誇るという水稲耕作が行なわれているというので郊外に出かけてみた。

街から離れるとすぐに田園地帯が広がり、稲穂が風になびく中、娘さんたちが草むしりをしている。別のところでは、脱穀後の籾殻を兄弟でロバ車に積んでいる。荒涼とした天山南路を移動してくると、その穏やかな光景と久々の緑が快適な違和感となってほっとさせられた。

アクスは漢族とウイグル族の居住区が分かれていて、ウイグル族側は昔ながらの風情をしている。

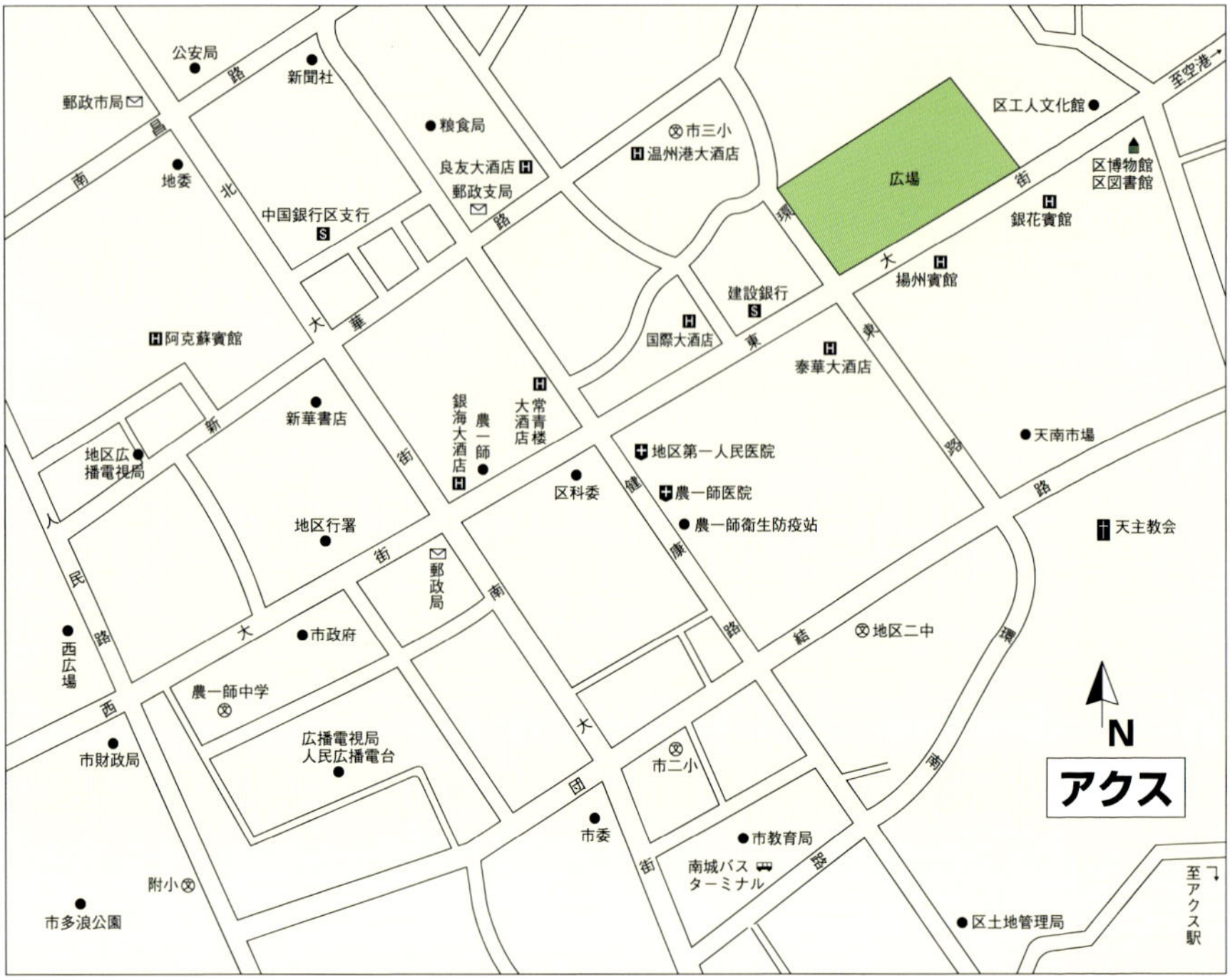

アクスからのアクセス

飛行機

国内線　アクスから(週)　ウルムチ26便

鉄道

アクス駅――ウルムチ駅　N948／945で17時間23分
アクス駅――トルファン駅　N948／945で14時間56分
アクス駅――コルラ駅　N948／945で6時間30分
アクス駅――クチャ駅　N948／945で3時間01分
アクス駅――カシュガル駅　N946／947で5時間46分

バス(南城バスターミナル)

アクス――ウルムチ　11:00～20:00　1時間に1便
アクス――コルラ　11:00　12:00　19:00
アクス――クチャ　11:00　12:00　19:00
アクス――カシュガル　12:00　15:00　20:00
アクス――ホータン　13:00　20:00
アクス――ヤルカンド　13:00　20:00
アクス――イーニン　16:00

アクスのホテル

アクス賓館(ツイン120元から)、銀花賓館(ツイン60元から)、銀海大酒店(ツイン120元から)、国際大酒店(ツイン200元から)

カシュガルの旧市街は子どもたちでいっぱいだ。

カシュガルのシンボル、エイティガール寺院。金曜の礼拝日は大勢の人でごった返す。

㊤カシュガルの日曜市。この地域最大のバザールだ。㊦㊨子どもたちも商売に熱心だ。㊦㊧いろいろなものが売られているが、季節のフルーツはどこも人気だ。

街外れのアパク・ホージャ墓で行なわれているウイグルダンス。

カシュガル（喀什）

カシュガル——。その名の独特の響きに誘われ、初めて訪れたのは一九八八年のことだ。当時は、街中を乗り合い馬車が蹄の音を響かせながら走り抜け、馬の首にぶらさがった鈴が、蹄の音とともに、カランカランと乾燥させた音色をあたりに谺させていた。

今は馬車が車に変わり、かつての情緒は失われた。しかし、ここからパミール高原や天山山脈を越えると中央アジアかと思うと、旅情を掻き立てられることには変わらない。やはり魅力的な街だ。

カシュガルは標高一二九〇メートル。人口約三五万人。うち八割をウイグル族が占めている。タクラマカン砂漠を挟んで東西に伸びる交易路、天山南路と西域南道の交差する街でもある。だからなのか、キルギス族、ウズベク族、回族など、多くの民族が住んでいる。

街の中心に「エイティガール寺院」がある。この寺院は昔イスラム教の大学として使用されていた大寺院で、ドームのある正門と、左右にミナレット（尖塔）が聳えている。一度に七〇〇〇人もの人々が礼拝できるという西域最大のモスクである。華麗でいて壮大、厳粛さを持ち合わせた寺院は、カシュガルのシンボルでもある。

アーチ状にくり抜かれた長方形の門を入ると、奥行き七〇～八〇メートルの中庭があり、中央の通路の両側には一〇メートルほどに伸びたポプラ並木が続く。そして一番奥に一段高く、柱に彫刻をほどこした内陣がある。ここで毎週金曜日になると、イマーム（先導師）がコーランを朗唱し、人々はメッカに向かってお祈りするのである。

街の郊外に「アパク・ホージャ」墓がある。一七世紀にカシュガルの宗教と政治の実権を握ったホージャ一族の廟である。しかし、「香妃墓」と言ったほうが地元では通りがいいらしい。それには、こんな逸話がある。

――清の皇帝乾隆帝が夢の中で美女をみそめた。彼女はホージャ一族の娘であったが、最後まで皇帝の求愛を拒み、ついに自ら死を選んだ…。その美女が香妃である。

ホージャ墓は、緑で覆われた広々とした敷地内に建てられていた。ドームを中心とした廟には緑のタイルが貼りつめられ、それが陽光に華麗にきらめくのを目の当たりにすると、墓であることがにわかに信じがたくなる。

ドームの奥は一段高くなり、天窓から差し込むわずかな光の中で、ホージャ一族七二名が静かに横たわっている。棺の形をした墓碑はイスラム特有のもので、その墓碑もタイルで装飾されていた。

毎週日曜日には、街はずれで西域最大の「市」が立つ。バザール会場は人々の熱気でむんむんしていた。ひといきれと砂埃の乱舞。アイスクリームが飛ぶように売れる。スイカ屋は声を張り上げる。どこも黒山の人だかりだ。時には喧嘩腰で交渉している場面にも出くわし、見ているだけで楽しくなる。何より飾らない人々の素顔がたまらなく魅力的だ。

タクラマカンの西の果て、パミール高原より流れでた雪解け水が作り上げたオアシス、カシュガル。

宝石のようにきらめく夜空の星は、旅人をアラビアンナイトの世界へと誘ってくれる。それも、ここが文明の十字路として二〇〇〇年の歴史を有する都市だからだろうか。

カラクリ湖

卡拉庫里湖

パミールの懐に抱かれたカラクリ湖。

カラクリ（卡拉庫里湖）湖

カシュガルを出発し、中巴公路（パキスタンではカラコルム・ハイウェイ）を通ってカラクリ湖に向かった。

この地域は一九七〇年に中巴公路が開通してから急激に変化した。トラックが通れるようになり、人々の交流が盛んになったのだ。

しばらく進むと、パミール高原に聳える、雪をかぶった七〇〇〇メートル級の山々が視界に入ってきた。高度も徐々に増し、三〇〇〇メートルを越した。緑はなく、荒涼とした大地と山々が続く。

前方にキルギス族のゲルが見え始めた。女性と子どもたちがいる。年配の女性は白いスカーフを被っている。小ヒツジを自分の子どものように抱きかかえている女性もいる。娘さんがヒツジの毛を棒でたたいていた。聞くと、繊維をほぐして柔らかくし、フェルトを作るのだという。ヒツジとともに生きる民族だなあと強く思う。

ゲルの中を見せてもらった。組み立ては、骨組みを円形に広げ、そのまわりを幅七、八センチほどの帯で動かないように固定させる。そしてその上からフェルトを被せ、ロープでしっかりと押さえる。これで基本的なことは出来上がりだ。あとは中に絨毯を敷いたり布団を積み上げたり、ストーブをセットすれば、オーケー。男性が三、四人もいれば二時間ぐらいで完成する。移動する遊牧民にとってこの上なく便利なものだ。

さらに一時間ほど走ると、目的地カラクリ湖についた。雪山をバックにした湖沿いには、ゲルがいくつかあり、ラクダが数頭のんびり歩いている。ラクダには以前、何度か乗ったことがある。お世辞にも快適な乗り物とは言えないが、ラクダを見ると月の砂漠を連想し、ついロマンチックな思いに浸ってしまう。

カシュガルからパキスタンに抜ける途中にあるカラクリ湖。後方は標高7546メートルのムスターグ・アタ山。

そんなことを考えながら、湖の水を飲むラクダを眺めていると、年配の男性が近づいてきて、ラクダで湖のまわりを散歩しないかと言う。心が動いたが、ずっとバスで移動していたので、この上ラクダに乗ったら、お尻の皮が剥がれてしまいそうだから断った。

湖面は太陽光線でエメラルド・グリーンに輝くかと思えば、琥珀色、ラピスラズーリの碧と、瞬時に変化する。観光客も何人かいて、レストランもある。万年雪のムスターグ・アタ山（七五四六メートル）の雄姿に見とれていると、おじいさんが自分の背丈しかないロバに乗り、トコトコ近づいてきた。のどかな光景だ。天空の楽園とはこうしたところを指すのかもしれないと思った。

カラクリ湖周辺で遊牧生活するキルギス族。

キルギス族のゲル。移動を繰り返す遊牧生活には最適の住まいだ。

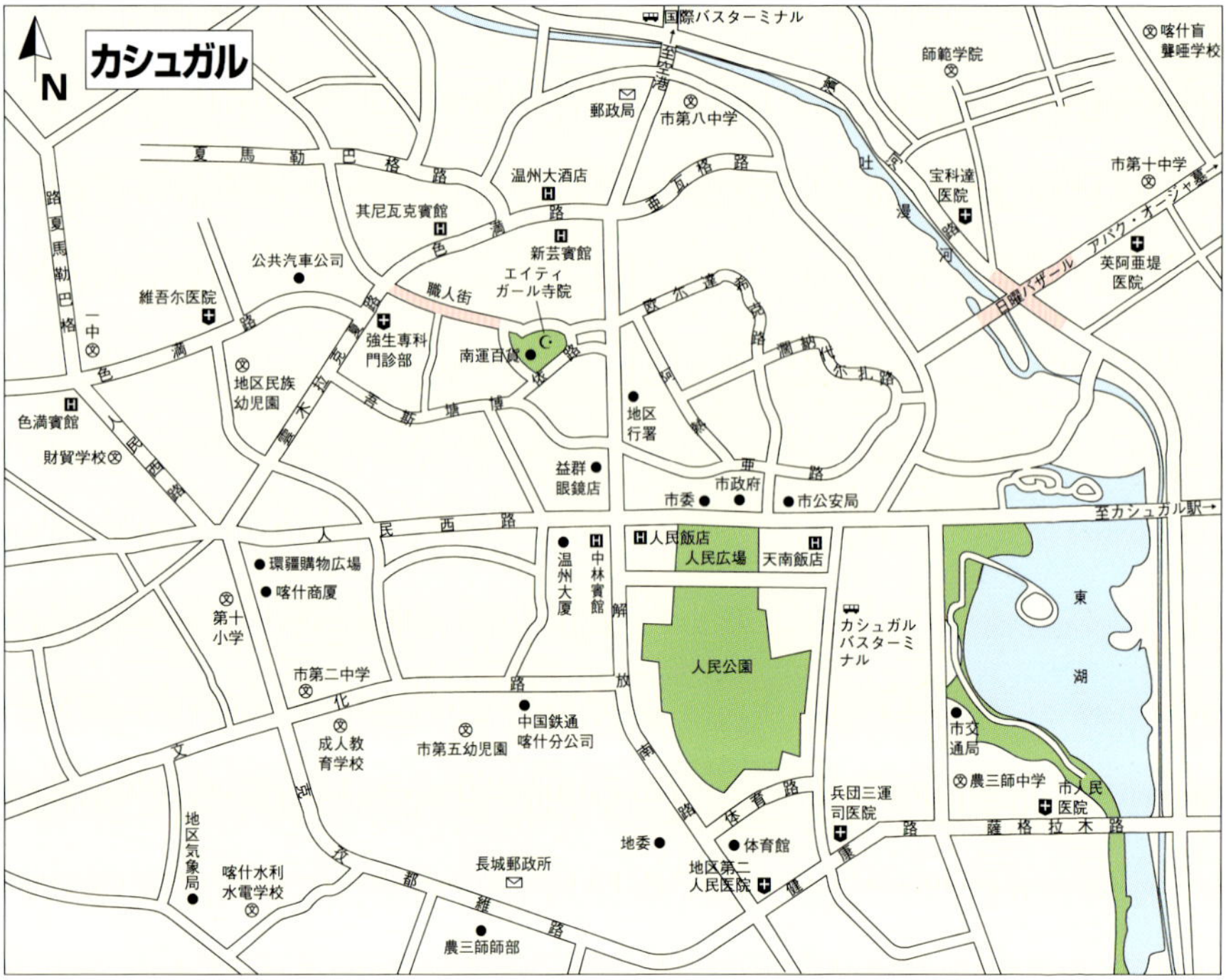

カシュガルからのアクセス

飛行機　国内線　カシュガルから(週)　ウルムチ29便　アクス１便(夏季のみ)　イーニン１便(夏季のみ)　アルタイ１便(夏季のみ)

鉄道

カシュガル駅――ウルムチ駅　N948／945で23時間13分　　カシュガル駅――クチャ駅　N948／945で８時間51分
カシュガル駅――トルファン駅　N948／945で20時間46分　　カシュガル駅――アクス駅　N948／945で５時間40分
カシュガル駅――コルラ駅　N948／945で12時間20分

バス(カシュガルバスターミナル)

カシュガル――ヤルカンド　9：00　10：00　11：00～20：00（１時間に１便)
カシュガル――ホータン　9：30　11：00　12：30　14：00　16：00　20：30　22：00　22：30
カシュガル――タシュクルガン　10：30

バス(国際バスターミナル)

カシュガル――キルギス(ビシュケク)　毎週月、木　10：00

カシュガルのホテル

色満賓館(ツイン100元から、ドミトリー〈トイレ・シャワー共同〉60元)
天南飯店(ツイン90元から、ドミトリー〈トイレ・シャワー共同〉15元、20元)
楊州賓館(ツイン130元から、トイレ・シャワー共同60元)、其尼瓦克賓館(ツイン280元から)

旅行会社　カシュガル中国国際旅行社(カラクリ湖や郊外の莫爾仏塔などへのツアーをアレンジしてくれる)

鉄道の旅

五時五〇分発のカシュガル行きに乗るべく、朝早くタクシーでクチャ駅に向かった。ところが窓口が閉まっていて切符を買えない。X線で荷物チェックをしている係員に、切符を買いたいのだけれどと言うと、そこで待っていろと待合室を指差す。

五時半ごろ、駅員が窓口を開けるのではなく、そばにテーブルを持ち出した。すると待ち兼ねていたといわんばかりに、待合室にいた人たちがどっと押し寄せた。私も慌てて駆けつけると、入場券しか売っていない。聞くと汽車の中で買えと言う。本当に買えるんだろうな。乗ったらないと言われて、ずっと立つ破目になったら最悪だ……。

噂に聞いていた二階建ての列車は、三〇分遅れて到着した。切符は二号車で買えると車掌に聞いていたので、乗り込むと迷わず二号車に向かった。どうせなら二階部分に乗りたいと思っていたら、運よく二階の寝台車用の切符が手に入った。ところがその車両は一二号車で、一〇輌も移動しなければならない。

重い荷物を背負い、車輌を移動する。乗客は、寝台車はもちろんだが、座席でもぐっすり眠っていた。以前寝台が取れず、何度か座席で夜を明かしたことがある。硬いシートで、しかも背もたれが垂直なので、座っているだけで疲れてしまい、とても眠れるものじゃなかった。ところが、この車両はリクライニングシートになっている。これなら座席でも寝られるなと思った。

私のコンパートメントは、二段ベッドが二つの四人部屋だった。普通列車よりいくぶん天井が低いので荷物棚がなく、ザックなどはベッドの下に入れなければならない。

南疆鉄道を走る2階建て列車。

ウルムチからカシュガルまで、広大なゴビ砂漠を走る南疆鉄道沿いは、比較的単調だが、奇怪な山々もときおり現われるので退屈しない。

ベッドに横になり、徐々に明るくなっていく窓の外を眺める。ときおり緑が見えたり、近くに山脈が迫ったりしてくるが、大体は石ころ混じりの砂漠が単調に続く。

遠くに石油コンビナートが見えた。植樹の跡は、砂漠の緑化政策のなれの果てだろうか。

地面がひび割れ、白く塩を吹いている。わずかな緑を追い、ヒツジも放牧されていた。

同じ砂漠を走っていても、列車の旅とバスの旅は違う。まず、列車はオアシスの遥か遠くを走るので、街なかを見ることができない。バスだと、昼どき休憩するたびに、名も知らない町をぶらついたり、切り売りしているスイカを食べられるのだが、それができないのが残念だ。バスの中まで乗り込んで、押し売りまがいに飲み物などを売る光景までも懐かしく感じてしまうから不思議だ。

西域南道

西域南道

古代、シルクロードを行く隊商たちは、河西回廊の敦煌から西に進み、繁栄を極める楼蘭王国をめざした。私が敦煌郊外の陽関に行った時も、かつてはこの先にも道が続いており、真っすぐ行くと楼蘭に辿り着いたと言われた。

楼蘭からミーランに至る街道は、さらに西に進んでチェルチェン、ニヤ、ケリヤ、ホータンと通じている。これが「西域南道」である。しかし、王国の衰退とともに、いつしか西域南道は人々の記憶から消え去っていく。

再び注目を集めるのは一九世紀から二〇世紀初頭にかけて。ロシアのニコライ・プルジェワルスキーやスウェーデンのスゥエン・ヘディン、イギリスのオーレル・スタイン、そして日本の大谷探検隊などが、この地域を調査した時である。これらの調査では貴重な資料が多く発見された。中でも有名なのはヘディンの発掘したミイラ、「楼蘭の王女」であろう。このミイラは生前の容姿が想像できそうな、完璧な姿で残っており、現在ウルムチの博物館に展示されている。

西域南道は遺跡の街道と言ってもいい。楼蘭やミーランの遺跡をはじめ、「且末故城」、「ニヤ遺跡」。ホータンまで移動すれば「マリカワト古城」や「ヨートカン遺址」がある。しかし、どの遺跡も簡単に行けるわけではない。特に楼蘭遺跡やニヤ遺跡は、許可を取るだけでも大変で、個人ではほとんど不可能と言っていい。比較的許可が取りやすいミーラン遺跡にしても、町から一〇〇キロ前後あり、訪れるのは一日がかりだ。

天山北路や天山南路に比べ、西域南道が外国人にもっとも遅く開放されたのは、道路事情とか宿泊設備などの問題もあっただろうが、それ以上に、そうした古来からの貴重な遺跡が多く残っていたからだと思う。

西域南道のもっとも重要な都市は、過去も現在もホータンである。この街の近くで採れる玉が重宝され、中国国内に運ばれていった。敦煌の郊外にある「玉門関」は、ホータンで採れる玉を運んでいたことから名付けられたものである。また、絹とじゅうたんでも有名で、玄奘も記しているように、一〇〇〇数百年前からホータンの主要な産業であった。

西域南道は今も他の街道に比べ開発が遅れ、交通の便も決していいわけではない。しかし、昔ながらのシルクロードを味わうにはもってこいのルートだ。遠くにオアシス都市が見えた時の喜び。それは隊商を組んでいた時代とは比べるべくもないが、その一端を垣間見ることができたような気がするのである。

ヤルカンド

莎車

街なかにあるアマニシャーハン墓。

バザールで子どもが働いているのはこのあたりでは珍しくない。

ヤルカンド（莎車）

泥で塗り固められたウイグル族の家屋が続く旧市街を歩いていると、男性が家の壁に塗る泥をこねていた。泥には強度をつけるためなのだろう、藁が混ぜられている。

西域南道のヤルカンド（サチャ）は、タクラマカン砂漠の南西に位置する人口約六二万の都市だ。紀元前二世紀に既にオアシス都市を形成し、東西交易路の中継貿易基地として栄えていた。

玄奘三蔵はインドから教典を持ちかえる時、ヤルカンドに立ち寄った。マルコ・ポーロもこの街を通過している。その後もヤルカンドはこの地域の中心として発展してきた。住民は古くはアーリア系の仏教徒だったが、九世紀から一一世紀にかけて、トルコ系イスラム教徒に変わった。

通りに面して、詩人で音楽家でも

大通りから一歩奥に入ると、昔ながらの通りが続く。

あったアマニシャーハンとヤルカンド王の墓があった。奥に入っていくと、路地が続き、わずかに開けたところに出た。一画に鍛冶屋があり、その前で男性数人がお茶を飲んでいる。女の人が地面に置いた花柄のお盆にフルーツを乗せて売っていた。

いろいろな人たちが集まり、通り過ぎていく。大半が顔見知りらしく、一言二言声をかけていく。座り込んでなかなか腰を上げない人もいる。

子どもが飛び跳ねて遊んでいたので、写真を撮ろうとすると、逃げまわり、なかなか撮らせてくれない。その姿がおかしくて大人たちが笑う。私もその気になり、おどけた仕草をしながら追いかける。すると、さらに笑いがあたりを包む。気がつくと私は彼らに遊ばれていたのだった。

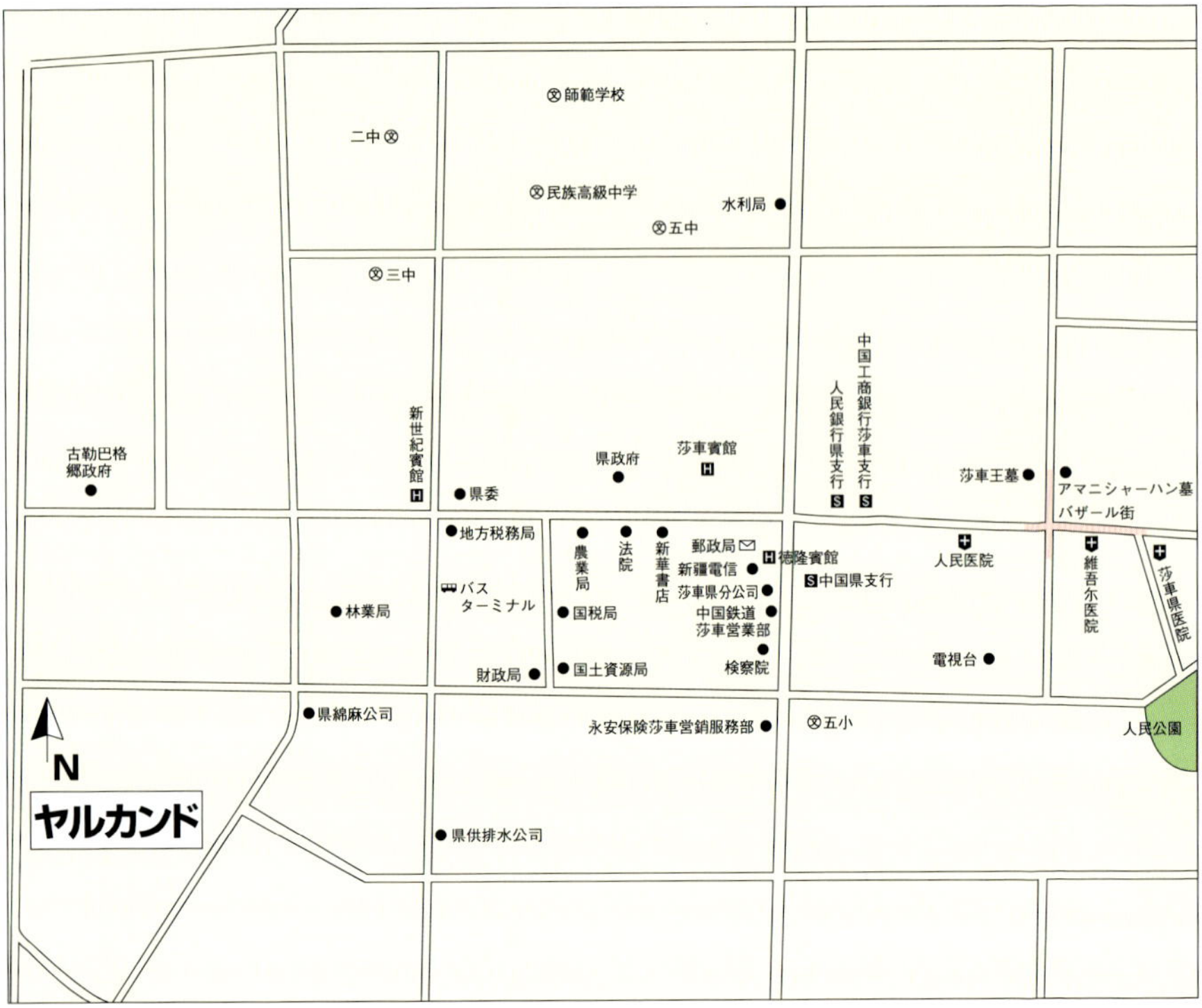

■ヤルカンドからのアクセス

バス（ヤルカンド・バスターミナル）

ヤルカンド――ウルムチ　10：30

ヤルカンド――カシュガル　9：30～21：00　30分に１便

ヤルカンド――ホータン　10：30　12：00　13：30

●ヤルカンドのホテル

莎車賓館（ツイン150元から）

徳隆賓館（ツイン150元から）

交通賓館（ツイン80元から）

玉専門のバザールが街なかにあり、いつも大勢の人で賑わっている。

ホータン（和田）

玉の街、絹の街として知られるホータンは、西域南道を代表するオアシス都市で、人口は約一八万人。私はこの街を訪れるのを一番楽しみにしていた。街の郊外を流れる川は玉でびっしり埋まっているという噓みたいな話が、まことしやかに囁かれていたからである。信じたわけではないが、本当なら見てみたいと思ったのだ。

　街に着いてすぐに玉の採れるという川に向かった。途中、川を見下ろせる崖の上に出ると、ガイドがあの川がユーロンカーシー河で、玉の採れるところです。と言う。川幅の割に水量が少なく、白っぽい石がごろごろしている。そこをブルドーザーで掘り起こしている。玉を採掘しているのだと言う。その光景を見た時、噂はまんざらでもないなと思った。

　さらに車で進むと、「マリカワト古城」の入り口に着いた。ここで入場料を払い、遺跡までロバ車で行くようになっている。歩いても問題はないが、久しぶりにロバ車に揺られたかったので、利用することにした。

　マリカワト古城は、古代于闐(うてん)国の夏の都だとガイドが言う。では冬の都はと聞くと、今は畑になってしまったが、もう少し離れたところのヨートカン遺址がそうだと言う。マリカワト古城は、広々とした砂漠の中にあって、住居跡とか仏塔と思われるものもあり、まわりには土器の破片が散乱していた。

　隣にユーロンカーシー河が流れていた。近づいてみると普通の石がごろごろしているだけだった。すると男がすーっと寄ってきて、袋の中から大事そうに、五、六センチ大の石を取りだした。玉だと言う。この川で拾ったのかと聞くと、そうだと言

慎重に玉を磨く工員。

繭玉を煮たて、絹糸を取り出す女性。

街外れにあるじゅうたん工場にいくと、１枚のじゅうたんを３、４人で織っていた。

い、何日もかけてやっと見つけた、バザールだと八〇元（一元約一四円）で売れるが五〇でどうかと言う。バザールで売ったほうがいいと言うと、少し考えてから、四〇元ではと言う。簡単に半分に値が下がると、玉そのものを疑いたくなった。

街に戻ってから玉のバザールに行くと、大勢の人たちが、通りにさまざまな大きさや色合いの玉を並べて売っていたり、数個手に持ってまわりに声をかけたりしていた。

翌日、玉とシルクの工房を見にいった。玉の工房は街なかにあり、展示即売場もあって、ガラスケースには置物やネックレスなどの玉製品が収められていた。工房では研磨機が数台並び、工員が慎重に指輪や仏像を磨いていた。

シルク工房は街の郊外にあった。絹は古くは黄河流域で作られていた。紀元前二世紀に張騫《ちょうけん》が西域との交

マリカワト古城に面したユーロンカーシー河。玉を買わないかと声をかけられた。

易ルートを開いて以来、中国の絹が大量に中東や地中海沿岸の地域に運ばれるようになった。その時の中継地がホータンで、早くも四世紀には絹織物の街として知られるようになったのである。

民家を改装したような平屋建ての建物の中に機織り機が二台設えてあり、裏にまわると、カマドに大きな鉄ナベを載せ、年配の女性がマユ玉を煮込んでいた。

真っ白なマユ玉を棒でかきまぜていると、やがて黄色がかった糸になる。それを隣の糸巻き機にかける。糸巻き機の前に座った女性は、取り出された絹糸をゆっくり巻いていくのだが、生まれたばかりの糸はもろいのだろう、プツンプツン切れるので、何度も巻き直さなければいけない。絹糸の素晴らしさもさることながら、糸に仕上げるまでの労力を考えると、高価で然るべきだと思った。

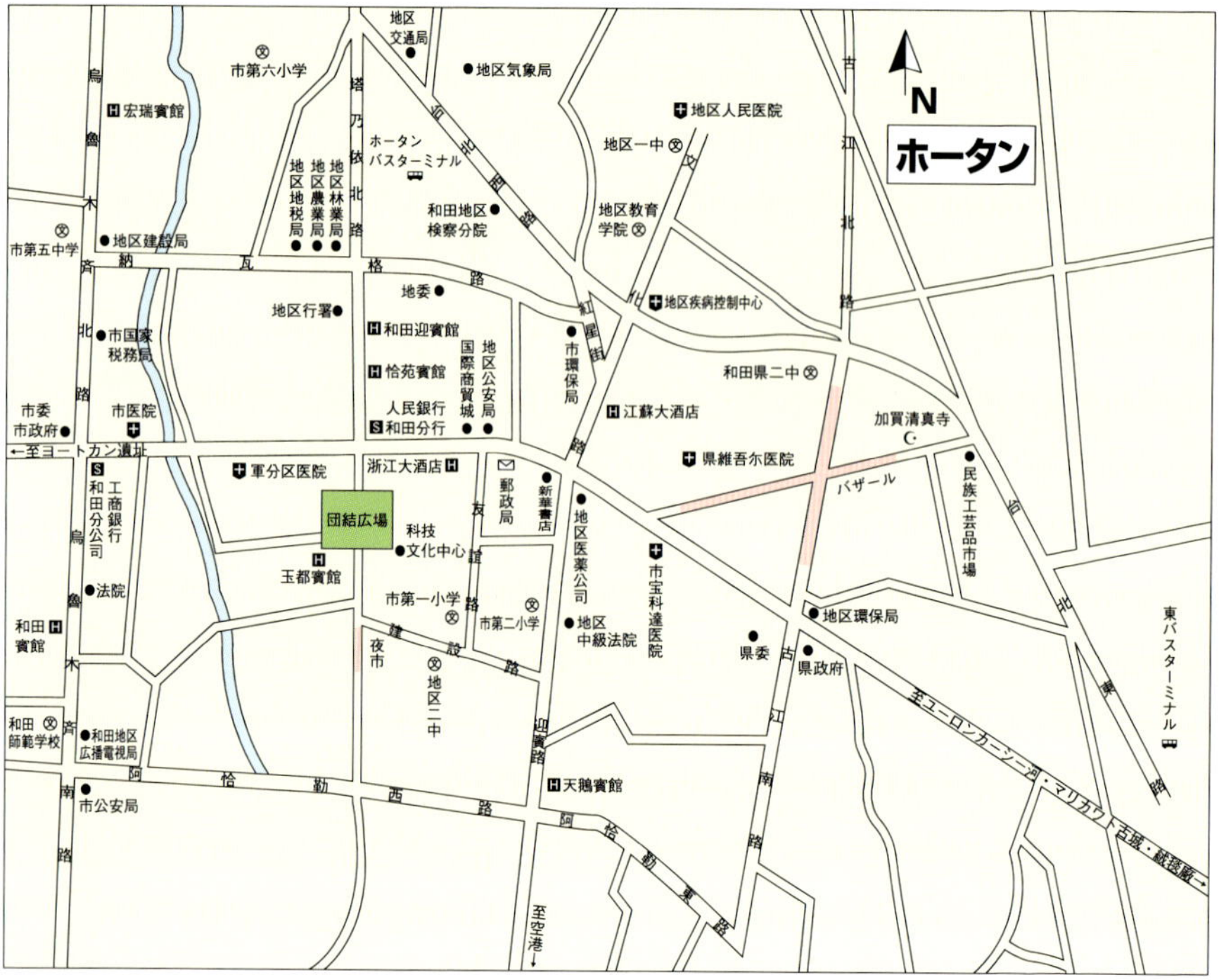

■ホータンからのアクセス

飛行機　国内線　ホータンから(週)ウルムチ７便

バス(地区バスターミナル)

ホータン——ウルムチ　9：30　10：30　12：30　13：00　14：30　17：00

ホータン——コルラ　13：00

ホータン——クチャ　11：30　14：00

ホータン——カシュガル　9：30　10：30　12：00　14：00　21：30　22：00

ホータン——ヤルカンド　9：30　10：30　12：00　14：00　21：30　22：00

バス(東バスターミナル)

ホータン——ケリヤ　9：30

ホータン——ニヤ　11：00

ホータン——チャルチャン　11：00

●ホータンのホテル

玉都賓館(ツイン148元から)、和田賓館(ツイン180元から)、和田迎賓館(ツイン220元から)、浙江大酒店(ツイン198元から)

●旅行会社　中国和田国際旅行社(郊外の遺跡やじゅうたん工房などのツアーをアレンジしてくれる)

ケリヤ
于田

特徴のあるファッションが目立つケリヤの女性たち。

通りで聖書やメッカのポスターを売る女の子。

ケリヤ（于田）

ホータンの東約一七五キロの距離にあるケリヤ(ユーティン)は、人口約二二万人。バザールを挟んで新市街と旧市街に分かれている。区画整理されたような新市街に比べ、旧市街の路地は迷路のようだ。

私はこの町で女性のファッションに興味をひかれた。布で顔を隠し、大きな白いマスクをした上に、スパンコールで飾りたてた網目のカラフルなネッカチーフを頭からすっぽりと被り、目だけ出しているのである。顔が見えないだけにエキゾチックで、魅惑的な目で見つめられるとゾクゾクッとする。

かと思えば、真っ白な布を白頭巾よろしく、頭と顔にグルグル巻いている女性。これでサングラスをかけたら月光仮面だと思うと、笑いが込み上げてくる。また、オレンジのス

小さな帽子もケリヤの特徴だ。

カーフに黒のマスク、アラベスク模様のスカーフの女性たち。そして小さな帽子――。なぜこのような帽子がこの町だけで流行しているのか、不思議だ。

見慣れないファッションの女性たちが、右を見ても左を見ても目に飛び込んでくると、どぎまぎし、はるばる旅をしてきてよかったと、今更ながら思う。ネッカチーフの奥の素顔を想像すると、願望がそうさせるのか、いつも絶世の美女が脳裏をかすめる。

ともあれ、中近東などの黒一色のチャドルとはひと味もふた味も違う服装に、個性を垣間見、心ときめく。女性のお洒落に対する探求心は、奥が深いなあと改めて感じる。美に対する執着心は、国が違い宗教が違っても変わることがなく、自分自身が楽しみ、まわりの人たちも楽しませてくれる。

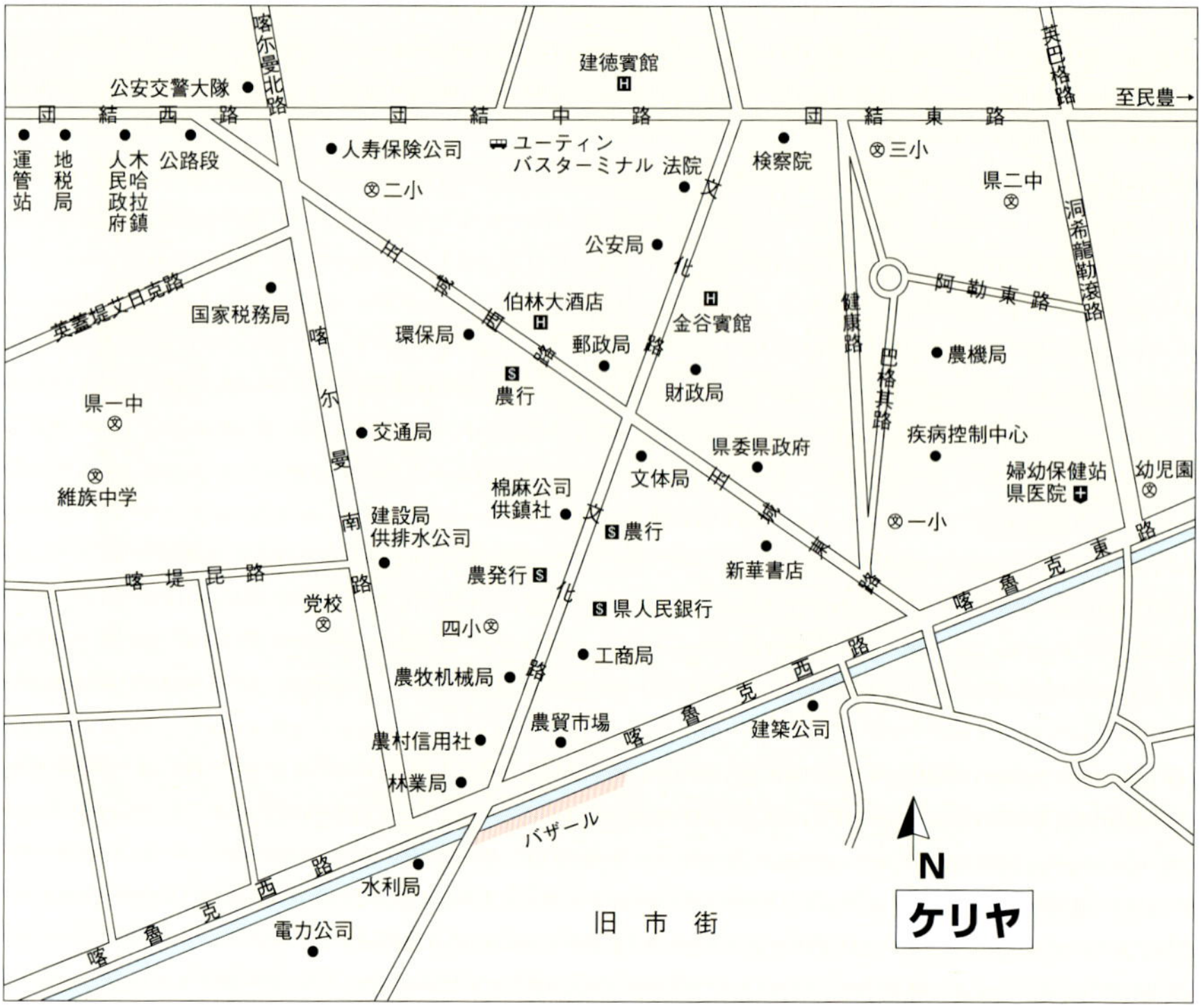

■ケリヤからのアクセス

バス　ケリヤバスターミナル

ケリヤ――ウルムチ　18：00

ケリヤ――コルラ　18：00

ケリヤ――カシュガル　12：00(毎週月曜日)

ケリヤ――ホータン　7：30～22：00　30分に1便

ケリヤ――ニヤ　12：00　15：00

ケリヤ――チャルチャン　9：00

●ケリヤのホテル

建徳賓館(ツイン80元から)

金谷賓館(ツイン60元から)

柏林大酒店(ツイン80元から)

ニヤは小さな町だ。どの方向に歩いてもすぐ畑に出てしまう。

一家総出で農作業。収穫している姿はいつどこで見てもいいものだ。

ニヤ（民豊県尼雅鎮）

天高く聳えたポプラの街路樹が涼しげなオアシス都市ニヤ（ミンフォン）は、人口約三万四〇〇〇人。町なかにこれと言って見どころはないが、前漢時代、精絶国として栄えたニヤの遺跡が北約一二〇キロのところにある。

一九世紀から二〇世紀初頭はシルクロード探険の全盛期だったが、その対象となったのがニヤ遺跡や楼蘭遺跡などである。著名なスウェン・ヘディンやオーレル・スタインをはじめ、日本の大谷探検隊も入っている。だが、現在、この遺跡は入場許可を取るのは難しく、ひとりではまず不可能と言っていい。

私がニヤに寄ったのは、かつて彼らも滞在したであろう、この地域の雰囲気だけでも味わいたかったからだ。町をぶらつき、郊外に足をのば

ここまで来ると外国人が珍しいのか、子どもたちは私の後をついてしばらく離れなかった。

すと、ダッダッダッダッという力強い音に混ざり、バリバリバリッという気忙しい音が聞こえてきた。音のする方に近づいていくと、ポプラ並木が途切れ、その先は耕地になっていた。

　近くの畑に寄ると、大人や子どもが一〇人ほどいて、刈り取った麦の脱穀をしていた。殻が四方に飛び散り、みんな埃だらけで作業している。埃が舞うのを我慢してカメラを構えると、仕事の手を休めることなく、ファインダーに納まってくれた。

　畑から戻り、ポプラ並木を歩く。通りは女性や子どもたちで賑やかだった。丸太に座ったり石に腰掛けたり、のんびりと午後のひとときを楽しんでいる。

　ポプラ並木は一〇〇年前はなかったに違いない。探検隊の人たちはどんな光景を目にしていたのだろうか。今とあまり違わないような気もする。

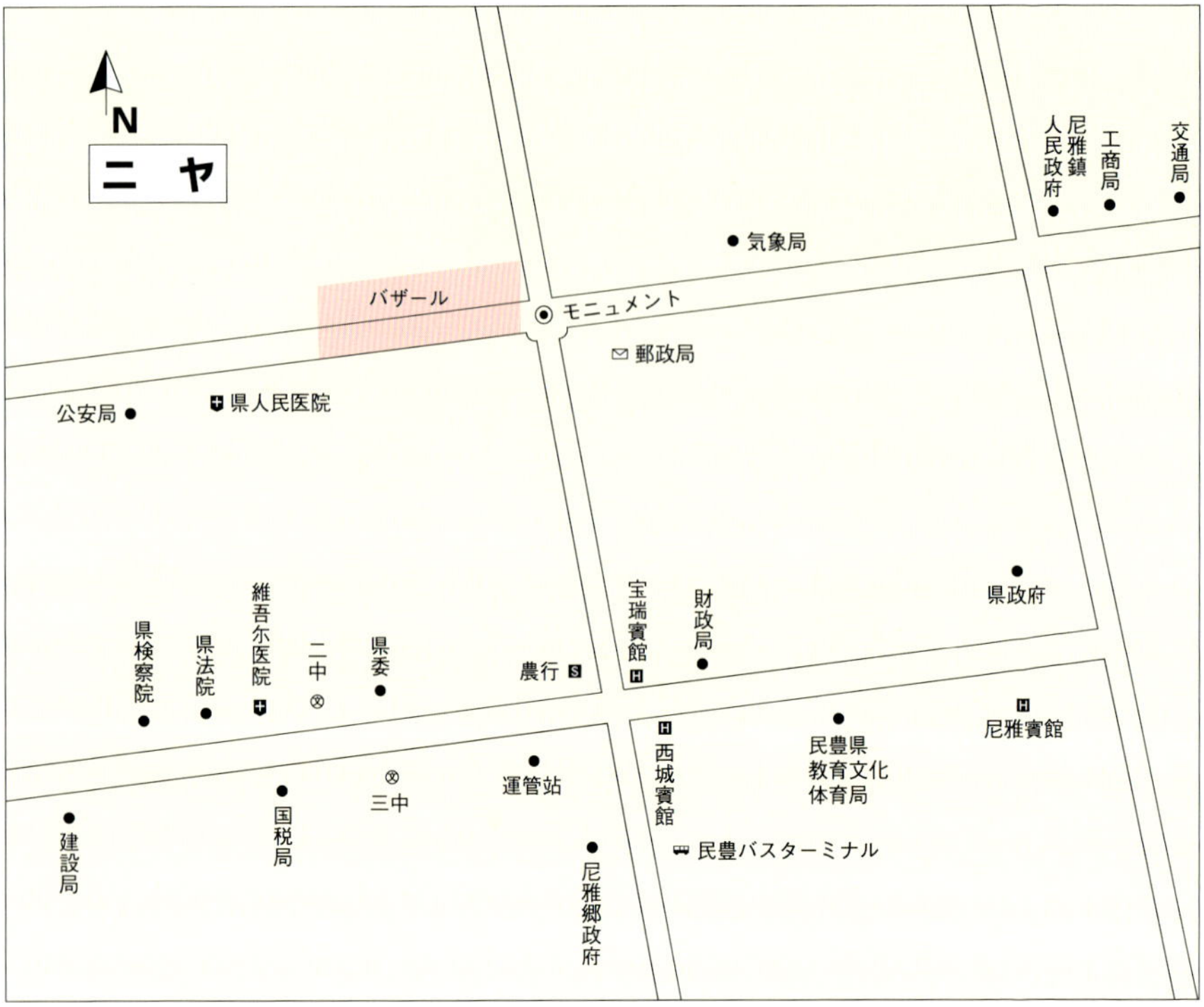

■ニヤからのアクセス

バス　民豊バスターミナル

ニヤ——ウルムチ　16：00
ニヤ——コルラ　16：00
ニヤ——ホータン　10：00
ニヤ——ケリヤ　11：00
ニヤ——チャルチャン　11：00

●ニヤのホテル

民豊賓館（ツイン140元から）
西域賓館（ツイン120元から）
宝瑞賓館（ツイン150元から、30元トイレ・シャワー共同）

チェルチェンの郊外を歩いていると、ヒツジ飼いの子どもに出会った。

チェルチェンの市場。いつ行っても閑散としていたが、なぜか楽しそうだった。

チェルチェン（且末）

西域南道の東部に位置するチェルチェン（チェモー）は、人口約五万七〇〇〇人の小さな町だが、前漢時代には且末国として西域三六国に含まれていた。その「且末故城」が町の西南にあり、「ザグンルク古墓群」がすぐ近くにある。

　ザグンルク古墓群で二六〇〇年前のミイラが見られるというので行ってみた。ゴビの中を車で一五分ほど進むと、わずかに丘になった何もないところに、ぽつんと小屋が一軒あった。施錠してあるドアをあけて中に案内されると、中央にガラスで覆われた、幅五メートル、奥行き二・五メートル、深さ三・四二メートルの埋葬窟があり、覗き込むと、ミイラとなった人々が、大人から子どもも含め一四人いた。発見された時は、陶器や木器、楽器などの副葬品もあ

町の郊外にあるザグンルク古墓群。この建物の中にミイラが14体横たわっている。

り、一部は町外れの地主荘園内に展示されている。

遺跡から戻り、ポプラ並木を歩いていると、少年が二〇匹ほどヒツジを追ってきた。写真を撮ろうとヒツジの前に立つと、ヒツジは私を避け道の端を走っていく。するとパウダーのような土が舞いあがり、私は埃だらけになってしまった。雨の滅多に降らないこの地域は、風が強く吹くことでも知られている。吹き溜まりにパウダー化した土が堆積していたのだ。

子どもに話しかけると、数キロ先のところでヒツジを放牧し、今帰ってきたのだという。まわりは砂漠やゴビが大半で、放牧に適したところは見られなかった。わずかな緑を追い掛け、放牧しているのだろう。こうしたところで飼われるヒツジも、考えてみれば場所を選べないだけにかわいそうだ。

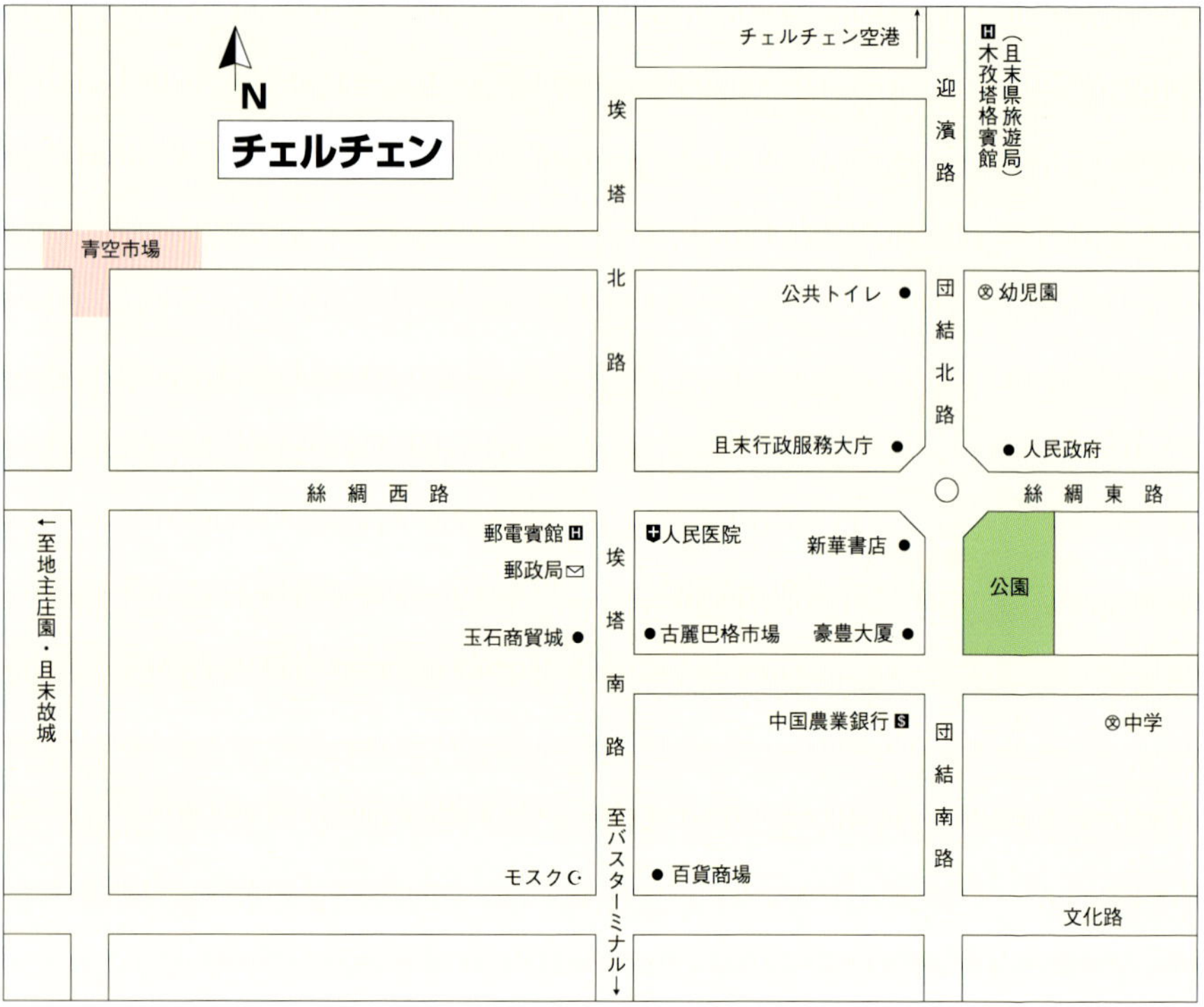

■チェルチェンからのアクセス

飛行機

国内線　チェルチェンから(週)コルラ１便

バス(チェルチェンバスターミナル)

チェルチェン――ウルムチ　10：00　19：00
チェルチェン――コルラ　10：30
チェルチェン――ホータン　10：00
チェルチェン――ニヤ　10：00
チェルチェン――ケリヤ　10：00
チェルチェン――チャルクリク　10：00（月、水、金、土）

●チェルチェンのホテル

木孜塔格賓館(ツイン158元から)
郵電賓館(ツイン120元から・３人部屋40元)

●旅行会社

地主荘園でツアーを斡旋してくれる(且末故城、地主荘園、ザグンルク古墓群への観光を扱っている)

オーレル・スタインによって発見されたミーラン古城。

チャルクリク（若羌）

スウェン・ヘディンの著した『さまよえる湖』で有名なロプ・ノールを水源とした、かつての楼蘭王国やミーラン王国へのベースとなる町がチャルクリクだ。タクラマカン砂漠の東南端に位置し、そのまま東に進めば敦煌などに辿りつく。玄奘もインドからの帰りにこの地を通り、「城郭あれど人煙なし」と記している。

その「ミーラン古城」が見たく、チェルチェンからチャルクリク行きのバスに乗った。しかし走りだして三〇分もしないうちに、ブルンブルンプツッといやな音がして、停まってしまった。運転手はエンジンをいじり、一五分もするとまた動き出す。しかし、その後もパンクやエンジントラブルが続き、おまけに悪路の中、砂嵐に何度も遭遇する有様。うち一回はまったく前が見えなくなり、砂

広大な砂漠に仏塔や住居跡などが点在していた。

嵐が通り過ぎるまで三〇分ほど、じっとしていなければならなかった。バスの中は砂埃が充満し、顔も衣服も砂だらけ。片道八時間の予定が、なんと一五時間もかかった。

スタインによって発見された「ミーラン古城」は、チャルクリクの街から車で二時間ほどのところにあった。管理人にゲートを開けてもらい、広大な砂漠を進むと、前方に仏塔が何基も点在し、烽火台を兼ね備えた古城跡が残っていた。烽火台はこの先にもいくつかあるとガイドが言うので、手をかざして見たが、肉眼で確認できるのは土の塊だけだった。

烽火台に座り、このそばを通り過ぎていったさまざまな民族の人たちに思いを馳せた。するとキャラバンサライが行き交い、その一員となった自分が遠くからこの烽火を見ているような気がしてくるのだった。烽火の先は楼蘭である。

■チャルクリクからのアクセス

バス（チャルクリク・バスターミナル）

チャルクリク――コルラ　10：00　12：00　18：00

チャルクリク――チェルチェン　10：00（月、水、金、土）

●チャルクリクのホテル

楼蘭賓館（ツイン120元から）

万豪大酒店（ツイン90元から）

交通賓館（ツイン100元から）

●旅行会社

若羌旅遊局（楼蘭賓館内。ミーラン遺跡の許可と車の手配をしてくれる）

シルクロードの少数民族

ウイグル（維吾爾）族　天山山脈の南、タクラマカン砂漠に点在するオアシス地帯に多く住んでいるが、歴史を辿ると、紀元前三世紀ごろバイカル湖南部など、北アジアで遊牧生活をしていた「丁零（または丁霊）」だとされている。

　人口は約七二一万人。新疆ウイグル自治区の中心的民族である。主産業は農業で、小麦、米をはじめ、メロン、スイカ、ブドウなど果実類を豊富に生産している。カレーズ（地下水路）を利用した灌漑農業は有名だ。また、都市部では商売や、帽子、金物などを作る伝統的な手工業も盛んである。宗教は、一〇世紀にイスラム教が伝わると、ほとんどのウイグル族に受け入れられた。

カザフ（哈薩克）族　ジュンガリア盆地を中心に、今でも放牧を主として生計を立てている。カザフとはチュルク語で自由人、と言えば聞こえがいいが、放浪、さすらうといった意味でもあり、生き方がそのまま民族名となった。漢代に天山山脈北部にいた烏孫が祖先とされるトルコ系民族で、宗教はウイグル族と同じくイスラム教である。

　カザフスタン共和国の中心的民族で、中国内の人口は約一一〇万人。主に新疆ウイグル自治区に居住し、天山山脈一帯や、北部の草原地帯で、夏のあいだヒツジとウマを飼育しながら、遊牧生活を営んでいる。冬は街で定住生活している。

モンゴル（蒙古）族　人口約四八〇万人。ほとんどがモンゴル草原に住んでいる。新疆では、天山山脈北側の草原地帯やバヤンゴル・モンゴル自治州に住んでいるが、彼らはモンゴル帝国が権勢を誇った時移住した人々で、モンゴル語を話し、モンゴル文字を使っている。

　生活形態は内モンゴルと基本的に変わらない。年に一度ナーダム祭を催し、移動式のテント、ゲルに住んで、ヒツジなどを飼育している。宗教はかつてシャーマニズムを信仰していたが、一三世紀にチベット仏教がモンゴル地域に浸透すると、シャーマニズムに起源を持つボン教は廃れていった。

ホイ（回）族　ほぼ中国全土に住むが、特に寧夏ホイ族自治区を中心に、甘粛省、河南省、河北省などに多い。新疆では昌吉ホイ族自治州、ウルムチ、トルファン。イリなどに住んでいる。人口約八六〇万人。

　アラブ系の人々が漢族などと生活をともにするうちに次第に融合していって、形成された人々がホイ族である。名前の由来は、ウイグル族がイスラム教徒に改宗したことによるとされる。彼らの住む街には、清真寺（モスク）が建ち、生活の中心となっている。都市部では商業、農村部では農業を営む。

キルギス（柯爾克孜）族　祖先はシベリアのエニセイ川上流の森林地帯に住んでいた。それが南下して草原に移動するに及んでイスラム教徒になったと言われる。九世紀には遊牧ウイグル帝国に攻め入ってこの国を壊滅させたこともある。しかし、モンゴル、ロシア、カザフなどからの迫害の歴史のほうが長かった。

　人種的にはアーリア系とされているが、長い間、トルコ系の匈奴や突厥の支配にあったため、言葉や生活習慣はトルコ化してしまった。現在キルギス共和国に約一〇〇万人、中国には約一四万人おり、新疆ウイグル自治区クズルス・キルギス自治州に八〇パーセントが住んでいる。

タジク（塔吉克）族　一一世紀に中央アジアでイラン語を話し、イスラム教を信仰する人たちをタジクと呼んでいた。現在は古くからこの地に住む人々と、パミール高原から移動してきた人々を言う。古代からのシルクロードの住民である。

　中国国内の人口は約三万三〇〇〇人。主にタシュクルガン・タジク自治県に住んでいる。彼らの多くは山岳地帯と低地を往復する生活を送っている。夏のあいだは標高三〇〇〇メートルほどの高地でヒツジなどを飼育する遊牧生活を送るとともに、低地の村でハダカムギやエンドウなど豆類を栽培する。

シボ（錫伯）族　満州族の一支族である。遼寧省にもっとも多く住んでいるが、もともとは大興安嶺一帯で狩猟をしていた。一八世紀に清朝の乾隆帝は、新疆征討軍団の一員として四〇〇〇人余りをイリ地方に移住させ、そのまま定住したのがこの地域のシボ族である。

　人口は約一七万三〇〇〇人。イリ地区には三万三〇〇〇人ほどが居住する。ウシ、ウマ、ヒツジなどの畜産が主産業であるが、イリ川での漁撈も盛んに行なわれている。

ユーグ（裕固）族　人口の九〇パーセントが甘粛省粛南ユーグ族自治県に住んでいる。彼らは、明代に嘉峪関辺りから祁連山脈一帯に移住したウイグル族の子孫と考えられている。

　人口は約一万二三〇〇人。ヒツジなどの牧畜業を主とした生活を送っている。この一帯はモンゴル族やチベット族が多く、その影響でチベット仏教を信仰している。

あとがき

憧れであったシルクロードを初めて訪れたのは一九八八年のことだった。どの街道も未舗装で、バスは砂埃を巻き上げながら走っていた。途中で寄った小さな名も知らない町で、水代わりに切り売りのスイカを何個も食べたことを思い出す。

　その後、何度か訪れているが、西域南道が外国人にも開放され、初めてタクラマカン砂漠を一周したのは一九九七年だった。この当時に比べると、道もかなりよくなり、移動にそれほど苦労することはなくなったが、あまりスムーズに目的地に辿り着くと、何となく味気なさを感じてしまう。

　街も急激に変わりつつある。しかし、これはシルクロードに限らない。中国全域が激しく変化しつつあるのだ。とはいえ、古の街道は今も健在で、地域の特色も十分残っている。少なくなったとはいえ、ポプラ並木をロバ車が通るのを見ると、それだけで心がうきうきしてくる。

　現在では、多くの日本人がシルクロードを訪れるようになった。しかし、まだ個性的な旅をしている人は少ない。シルクロードの風に吹かれ、匂いを嗅ぎ、人々と接しながら、自分だけのシルクロードの旅を作ってもいいような気がする。この本を通じてそのお手伝いをできたら、この上ない喜びである。

　本書を出版するにあたり、前著の『雲南最深部への旅』『シーサンパンナと貴州の旅』同様、装丁を引き受けてくださった菊地信義氏にお礼申し上げます。また、版元の桑原晨氏には前回にもまして、お世話になりました。そして、関係する多くの方々に感謝いたします。

　なお、本書のさまざまなデータは二〇〇五年七月の時点のものです。

二〇〇五年七月吉日　　鎌澤久也

参考文献

村松一弥『中国の少数民族』毎日新聞社、一九七三年
馬寅主編・君島久子監訳『概説中国の少数民族』三省堂、一九八七年
金丸良子他『中国少数民族事典』東京堂出版、二〇〇一年
NHK取材班『シルクロード』日本放送出版協会、一九八〇年

鎌澤久也（かまざわ　きゅうや）
中国雲南省を中心にアジアを撮り続ける。
近年はメコン川、長江など、川をテーマにそこに暮らす人々に焦点を当てている。
「メコン街道」など写真展を多く開催。
著書
『シーサンパンナと貴州の旅』（めこん）
『雲南最深部への旅』（めこん）
『メコン街道』（水曜社）
『雲南』、『藍の里』、『南詔往郷』、『雲南・カイラス4000キロ』（平河出版社）
『玄奘の道・シルクロード』（東方出版）
『写真家はインドをめざす』（青弓社、共著）など
http://www.geocities.jp/kamazawakyuya/

シルクロード全４道の旅

初版印刷　2005年10月6日
第１刷発行　2005年10月6日

定価　2500円＋税

著者　鎌澤久也©
装丁　菊地信義
発行者　桑原晨
発行　株式会社めこん
〒113-0033　東京都文京区本郷3-7-1　電話03-3815-1688　FAX03-3815-1810
ホームページ　http://www.mekong-publishing.com
印刷・製本　太平印刷社
ISBN4-8396-0186-0 C0030 ¥2500E
0030-0507186-8347

雲南最深部への旅

鎌澤久也

定価1500円+税

四川省成都から西昌、麗江、大理を経てビルマ国境に至るルートは、古来、西域につながる「西南シルクロード」として栄えた交易の道でした。この地域はまた、イ族、ペー族、ナシ族、タイ族などがそれぞれの伝統を守って生きる少数民族のパラダイスでもあります。ロマンあふれる雲南最深部を歩く――これこそ「くろうとの旅」の醍醐味です。

ミャンマー　東西南北・辺境の旅

伊藤京子

定価1500円+税

近年ようやく自由に旅行できるようになった「最後の楽園」ミャンマー。初めての本格的ガイドです。有名なマンダレーやインレー湖、バガンなどはもちろん、北部のミッチナー、東部のチャイントン、南部のモーラミャイン、ムドン、西部のガパリなど、ミャンマー全土の観光地を紹介。ミャンマーの本当の魅力を味わってください。

雲南・北ラオスの旅

樋口英夫

定価1500円+税

雲南省昆明から国境を越えて北ラオスのルアンパバーンに至るルートの完全ガイドです。このルートは、少数民族の珍しい風習、メコンの川下り、山岳トレッキングと、ちょっとハードですが野趣あふれた旅が満喫できます。日本ではまだあまりポピュラーではありませんが、欧米人には人気のルート。「くろうとの旅」第1弾です。

7日でめぐるインドシナ半島の文化遺産

樋口英夫

定価1500円+税

ベトナム最後の皇帝の都「フエ」、チャンパ王国の聖地「ミソン」、江戸時代の日本を魅了した貿易港「ホイアン」、タイ族最初の王国「スコータイ」、メコン河畔の小さな古都「ルアンパバーン」、そして世界最大の神殿と遺跡群「アンコール」。この素晴らしい世界遺産をまとめて鑑賞しようという、ちょっと贅沢な旅の本です。

シーサンパンナと貴州の旅

鎌澤久也

定価2200円+税

タイ族とミャオ族の桃源郷、シーサンパンナ(西双版納)タイ族自治区と貴州省の素晴らしい自然、カラフルな民族衣装をまとった少数民族の生活と祭りをカラー写真で紹介します。もちろんひとりで歩けるよう、旅の情報・アクセス・地図などは完璧です。くろうとの旅の醍醐味を味わってください。

東南アジアの遺跡を歩く

高杉等

定価2000円+税

「全東南アジア」の遺跡の完全ガイド。カンボジア、タイ、ラオス、ビルマ、インドネシアの遺跡220ヵ所をすべて網羅しました。有名遺跡はもちろん、あまり知られていないカオ・プラウィハーン、ベン・メリア、ワット・プーなどもすべて紹介。すべて写真つき。アクセスのしかた、地図、遺跡配置図、宿泊、注意点など情報満載。